공공도서관
엄대섭이 꿈꾼 지식나눔터

공공도서관
엄대섭이 꿈꾼 지식나눔터

최진욱 지음

펴낸날 2021년 5월 15일 초판1쇄 | **펴낸이** 김남호 | **펴낸곳** 현북스
출판등록일 2010년 11월 11일 | 제313-2010-333호
주소 07027 서울시 영등포구 양평로 157, 투웨니퍼스트밸리 801호
전화 02)3141-7277 | **팩스** 02)3141-7278
홈페이지 www.hyunbooks.co.kr | **카페** cafe.naver.com/hyunbooks
편집 전은남 | **디자인** 김영숙 공지윤 | **마케팅** 송유근 함지숙
ISBN 979-11-5741-242-6 03020
글 ⓒ 최진욱 2021

공공도서관

엄대섭이 꿈꾼
지식나눔터

최진욱 지음

차례

Ⅲ. 엄대섭이 생각한 공공도서관

도서관 정신과 사상에
관심을 북돋고 도움을 주는 책

『공공도서관, 엄대섭이 꿈꾼 지식나눔터』 책의 출간을 매우 반갑게 생각합니다.

엄대섭 선생의 도서관운동을 다시 살피고 반추하면서 공공도서관의 가치와 미래 지향점을 제시하는 작업은 선생의 탄생 100주년을 맞이하는 시점에서 매우 의미 있는 일이라 할 수 있습니다.

엄대섭 선생은 평생 외곬으로 40년 가까이 도서관운동에 매진하였건만 언론이나 사회적 호의에도 불구하고 도서관계나 고향에서는 별로 관심을 받지 못하며 분투하던 외로운 분이었습니다.

일찍이 마산, 울산 등 지역에서 마을 단위 공공도서관 운동 경험을 축적한 이 책의 저자 최진욱 사서는 부산대학교 대학원에서 2012년에 '엄대섭 연구'로는 최초의 석사학위 논문을 집필한 적이 있습니다. 10년 전쯤에는 엄대섭 선생 고향인 울주군의 문화예술회관 전시장에서 〈엄대섭 – 도서관에 바친 혼!〉이라는 주제로 각종 유품 전시 및 토크쇼 행사를 처음으로 열었고, 이 행사가 계기가 되어 수년 후 울주선바위도서관·울산도서관 등에서 엄 선생의 흉상 건립과 관련 전시회 등이 잇따랐습니다. 바로 그 첫 행사를 이끌어 내어 울산 지역에 고향 선배이며 도서관운동가인 엄대섭 선생을 새롭게 인식하는 토대를 마련해 준 분이 이 책의 저자였던 것입니다.

이 책에는 엄대섭 선생의 도서관 인생 행로와 그가 생각하던 공공도서관의 가치 등에 대한 저자의 분석적 연구와 도서관에 대한 열정이 가득 담겨 있습니다. 저자는 문헌적 연구뿐 아니라, 직접 발로 뛰며 60년대 초 경주 지역에 처음 설치됐던 마을문고 위치를 찾아내고, 합천군 산골의 사립 묘산도서관을 찾아가 당시 지도자와 마을도서관의 변천 궤적을 추적하여 우리에게 생생하게 전하고 있습니다. 또한 다른 문헌에는 기술되지 않은 기록들도 적지 아니 발굴해 요소요소에 배치하여 흥미를 더해 줍니다.

요즈음 기능적인 업무에 파묻히고 기술적인 디지털 환경이 급변하는 도서관 현장의 사서나 학생들에게 간과하기 쉬운 도서관 정신과 사상 등에 관심을 북돋고 도움을 줄 수 있는 책이라 생각합니다.

이용남(한성대학교 명예교수)

공공도서관의 미래,
그리고 현재와 과거

2050년 7월 ○일 B시 시립 공공도서관

아침부터 도서관 안팎이 알아 들을 수 없는 말들이 뒤섞이며 시끄럽다. 시에 사는 외국인들을 위해 한 달에 한 번 도서관 교육을 하는 날이다. 10년 전 개정된 도서관법에 따라 6개월 이상 살려는 외국인들은 한 달 안에 가까운 공공도서관에서 이용 교육을 받아야 한다. 시립도서관에서 외국인들에게 이용 교육을 하는 것은 생활 적응을 도우려는 것이지만, 이 프로그램의 효과에 대한 소문이 퍼져 지금은 오히려 외국인들이 더 반기고 있다. 도서관에서는 자신들이 살던 나라의 책과 정보를 마음대로 누릴 수 있기 때문이다. 이 외국인들은 서로 다른 여러 가지 이유로 우리나라에 와서 살고 있다. 유학생부터 결혼이주민, 취업노동자까지 다양하다. 오늘은 50여 명이 교육을 받는다.

모두 도서관 세미나실에 모였다. 자리에 있는 3D 입체 영상을 볼 수 있는 특수 안경과 이어폰을 끼고 평소 쓰는 말로 간단한 말을 하자 곧 자신들이 쓰는 말로 들리는 입체영상 이용 교육이 시작된다. 세미나실에서 이용 교육은 30여 분 만에 끝나고, 이어서 10여 명씩 조를 나눠 진행자의 안내에 따라 도서관 내부 시설을 둘러보았다. 모두 귀에는 자동 번역이 되는 이어폰을 끼고 있다. 이들이 가장 많은 관심을 가진 곳은 디지털 자료실이다.

여기에서는 자신들이 살던 나라의 방송과 영화를 비롯한 디지털 콘텐츠들을 마음대로 볼 수 있다. 이것뿐만 아니라 나라별 정보 사이트에 접속해서 전 세계 정보자료도 접속이 가능하다. 이 시스템은 도서관법에 따라 기초자치단체마다 1곳 이상의 도서관은 반드시 구축하게 되어있어서, 외국인들은 자기 나라 콘텐츠와 정보를 마음대로 볼 수 있다. 내국인 이용자들도 직접 그 나라까지 가지 않고 자료를 볼 수 있는데, 무엇보다 여행 정보를 얻는 데 무척 편리하기에 많이 이용하고 있다. 이어서 각 자료열람실을 돌아보며 여러 자료의 위치와 소장 정보를 안내받았다.

디지털로 된 자료는 별도 번역기가 필요 없지만, 종이책을 이용할 때는 출입 데스크에서 번역 안경을 받아서 쓰면 책의 내용이 원하는 언어의 문자로 자동으로 바뀌어 보인다. 따라서 더는 각 나라나 언어별 도서는 도서관에서 비치하지 않고 있다. 다만, 여전히 나라의 새로운 정치 현안이나 민속정보를 담고 있는 책은 해마다 조금씩 사들이고 있다. 이렇게 공공도서관에서는 자료와 정보를 피부색이나 나라, 빈부 격차에 상관없이 누구나 쉽게 이용할 수 있게 되었다. 그만큼 공공도서관에서 다루는 정보의 양은 늘어났다. 또한, 도서관에 있는 많은 정보와 자료들이 디지털로 바뀌었지만, 여전히 종이책은 존재하고 있다.

약 30년 뒤, 미래의 공공도서관을 그려 본 것이다. 세상이 너무 빨리 바뀌어 앞으로 도서관도 어떻게 바뀔지 아무도 모르지만, 조심스럽게 예상을 해보았다. 그러면 요즘 공공도서관 모습을 살펴보자.

2019년 5월 ○일 토요일 U시에 있는 어린이 도서관

휴일을 맞아 다른 날보다 더 많은 아이들로 북적인다. 더구나 이 도서관 주변에는 5천 세대가 넘는 아파트 단지가 있고, 이웃해서 초·중·고등학교와 꽤 넓은 공원도 있다. 도서관은 1, 2층엔 자료열람실이, 지하 1층에 동아리방과 다목적실이 있는 그렇게 크지 않은 건물이다. 자료열람실은 온돌바닥으로 되어서 입구에서 신발을 벗고 들어와야 한다.

열람실에는 책으로 가득 차 있는 서가 사이사이에 소파가 군데군데 놓여 있다. 방음 장치가 되어있는 이야기방, 갓난아기들에게 젖을 먹일 수 있는 아기방 같은 조그만 방이 따로 있으며, 책상과 의자는 얼마 보이지 않는다. 독서실에서 볼 수 있는 칸막이가 있는 책상은 놓여 있지 않다. 이제 예전과 달리 자신의 책을 가지고 와서 공부할 수는 없다. 도서관에 있는 책은 3만 권 정도지만 해마다 3~4천 권 정도 새 책이 들어오고 넘치는 책은 시립 중앙도서관 보존서고로 보내서 관리하고 있다.

10시부터 동아리방에서는 어린이들을 위한 프로그램 3개가 예정되어 있어서 기다리는 아이들이 웅성웅성하고 있다. 바깥 공원 놀이터에서 놀다가 목이 말라 들어와서 책은 안 보고 물만 마시고 바로 나가버리는 아이들, 산책하러 왔다가 화장실만 이용하는 이들도 있다. 자료실 대출대에서는 책을 빌리고 반납하는 RFID 리더기가 쉴 새 없고, 특별히 큰 소리로 떠드는 이도 없는데 시끄럽게 느껴진다.

자료실 안쪽을 보니 아이랑 같이 온 엄마가 소파에 앉아 소곤소곤 책을 읽어주고, 다른 한쪽 구석에선 아기를 무릎에 재운 채 엄마가 책을 읽고 있다. 서가 사이사이엔 책을 찾는 사람, 책을 정리하는 직원과 자원봉사자들이 바쁘게 움직이고 있다. 또 한편에선 초등학교 4학년쯤 되는 남자아이가 서가 사이에 엎드려 책을 보고 있다.

오후가 되어 지하 동아리 방에서 하는 프로그램은 어느 정도 끝났지만, 3시 무렵엔 갑자기 지하 다목적실로 몇 무리의 아이들이 내려가기 시작했다. 이곳에서 영화상영이 있기 때문이다. 최신 영화는 아니지만, 그리 오래된 영화도 아니다. 영화가 상영되는 다목적실에는 2~30명의 아이와 어른들이 옹기종기 모여서 영화를 보고 있다. 영화는 5시가 다 되어 끝났다.

이제 도서관이 마치려면 1시간밖에 안 남았지만 여전히 도서관은 북적거린다. 그러나 오전과 다르게 온 가족이 함께 온 이용자들이 눈에 많이 띈다. 오전에 가족 나들이 갔다가 돌아와 책을 빌리러 온 이들이다. 이들은 도서관 문을 닫을 시간이 얼마 남지 않은 것을 알고, 서둘러 책을 빌린다. 엄마, 아빠, 초등학생 여자아이와 유치원생으로 보이는 남자아이 이렇게 네 가족이 대출한 책은 모두 20권이다. 이 가족은 일주일 동안 이 책을 보고 다음 주 토요일 또 올 것이다.

요즘 보편적인 어린이 도서관 이용 모습을 그려 본 것이다. 그러면 30여 년 전, 우리 공공도서관 모습은 어땠는지 한번 과거로 가 보자.

1986년 4월 ○일 일요일 M시 시립도서관

첫차를 타기 위해 새벽 5시 새벽밥을 먹고 집을 나섰다. 곧 첫차가 왔다. 일요일 새벽인데도 이미 버스에는 많은 학생이 타고 있었다. 대부분 시립 ○○ 도서관에 가기 위해서이다. 이 도서관은 M시에 하나밖에 없는 공공도서관이다. 도서관이 가까워질수록 버스 안에는 학생들이 점점 늘어났다. 일요일 새벽이라 그런지 버스는 시원하게 달리고 있었다. 20분쯤 달렸을까!

도서관이 있는 ○○마을에 도착했다. 그러자 학생들이 우르르 내리기 시작했다. 버스가 다시 출발할 때는 거의 비어버렸다. 학생들은 버스에서 내리자마자 100미터 달리기하듯 가파른 오르막을 뛰어오르기 시작했다. 그러나 학생들 대부분은 몇 미터 가지 못하고 지쳐 걷기 시작했다. 한 10분쯤 걸었을까! 산 중턱 한적한 곳에 "평생교육의 요람 시립 ○○ 도서관"이란 간판이 보였다.

정문에는 육중한 철문이 굳게 닫혀 있었고, 철문을 따라 학생들이 이미 10여 미터 줄을 서 있다. 손목시계를 보니 6시다. 문이 열리려면 2시간은 기다려야 한다. 주위를 두리번거리니 같은 반 친구가 몇몇이 있었고, 중학교 진학하면서 잘 만나지 못했던 국민학교 친구도 몇몇 보였다. 특히 국민학교 때 짝사랑했던 ○○도 보였다. 중학교에 가면서 남자 중학교와 여자 중학교로 갈라져 한동안 못 봤는데, 그때보다 더 얼굴이 갸름해지고 점점 더 예뻐지고 있었다.

어떤 이는 가방만 세워 놓은 채 오랜만에 만난 친구들과 이야기를 하느라 정신이 없고, 또 어떤 이는 그 와중에 책을 펼쳐서 공부하고 있었다. 8시가 가까워지자 철문 안쪽에서 인기척이 났다. 그러자 가방만 놔둔 채 흩어져 있던 학생들이 줄을 섰고, 꾸불꾸불 흐트러져 있던 줄은 한 줄로 곧게 쫙 펴졌다.

드디어 문이 열리고 학생들이 들어가기 시작했다. 정문에서 입장료 100원을 내고 열람실 좌석표를 받았다. 열람실은 남자열람실, 여자열람실로 구분되어 있고, 각 200석 안팎의 책상과 의자가 있다. 좌석표를 받고 열람실에 들어가니 세 명씩 앉게 되어있는 자리의 가운데 끼인 자리다. 이 자리는 무척 애매해서 마음대로 화장실도 가기 어려운 자리다. 집에서 가져온 책을 펼쳤지만, 오늘따라 공부가 더 안 된다. 책을 덮고 곧바로 매점으로 갔다.

아침부터 꽤 많은 사람으로 북적였다. 대부분 아침을 안 먹고 온 이들이다. 나는 과자 하나를 사 들고 바깥 휴게실로 나왔다. 마침 같은 반 친구도 나와 있어서 등나무 벤치에 자리 잡았다. 그 친구도 역시 공부가 쉽게 되지 않는다고 했다. 우리는 공부보다는 그냥 책이나 빌려보기로 했다. 그런데 자료대출실 문이 열리려면 아직도 30분이나 남았다. 우리는 휴게실에서 기다리기로 했다. 학교에 가지 않는 이른 일요일 새벽 도서관에 온 가장 큰 이유는 부모님으로부터 '공부 해라!'라는 말을 듣지 않기 위해서다. 도서관에 간다고 하면 점심값 도 챙겨 주시고, 좁은 도서관 울타리 안이지만 여기서는 부모님 간 섭을 벗어나 잠시나마 자유를 누릴 수 있는 것이다.

9시, 자료대출실 문이 열렸다. 한약방 약장처럼 생긴 목록함이 '저 자명', '주제명', '서명'이란 이름표 아래 길게 세워져 있었다. 요즘 베 스트셀러로 유명한 소설책을 찾아보기로 했다. 서명 목록함을 열고 노란 카드를 열심히 뒤적였다. 이윽고 찾았다. 1, 2권으로 되어있었 다. 일단 두 권을 다 빌리기로 했다. 목록 카드에 적힌 대로 청구기호 와 서명, 저자명을 적어서 학생증과 함께 도서대출신청서를 내밀었 다. 마치 버스 매표창구 같았다. 5분쯤 기다렸을까! 이름을 부르는 소리가 들렸다. 곧 책을 받아들었다. 함께 제출한 학생증은 책을 반 납해야만 돌려준다. 따라서 학생증이나 신분증이 없는 국민학생은 책을 빌릴 수가 없다.

빌린 책을 가져와 자리에 앉아 창밖을 보니 여전히 정문 앞에는 학 생들이 줄을 서 있다. 저들은 우리가 나올 때까지 하염없이 기다리 고 있어야 한다. 빌린 소설책을 읽기 시작했다. 재미있는 책이라 술 술 넘어갔다. 1권을 다 읽고 나니 벌써 12시가 다 되었다. 배도 고프 고 해서 매점에서 라면 한 그릇을 먹고, 잠시 쉬었다가 다시 빌린 책 을 마저 보기 시작했다.

책을 다 보고 나니 4시가 넘었다. 주위를 둘러보니 이미 드문드문

빈자리가 보였다. 가방을 다시 싸서 도서관을 나섰다. 책을 빌릴 때 맡겨놓은 학생증은 정문 수위실에 책을 반납하고 다시 찾았다. 일요일은 자료실이 1시까지 문을 열기 때문에 1시 전까지는 자료대출실에 책을 반납하고 학생증을 찾을 수 있지만, 때를 넘기면 수위실에 책을 반납하고 학생증을 찾아야 한다.

80년대 지방의 공공도서관을 이용하는 한 중학생의 모습을 그려본 것이다. 그러면 다시 그보다 더 30여 년 전, 우리 공공도서관의 모습은 어땠는지 가 보자.

1955년 11월 O일 오후 4시 G시

이곳에는 시립 공공도서관이 있다. 단층 건물의 도서관에는 5천여 권의 책과 책상 2개, 의자 12개, 그리고 조그만 사무실 하나가 전부다. 늦가을 햇살이 열람실 좁은 유리창 틈으로 가늘고 강하게 서가 사이를 비추고 있다. 두 개의 책상 가운데 하나에서는 까만 교복을 입은 남학생이 책을 보고 있다. 그 남학생을 마주 보는 곳에는 소매 끝이 반질반질하게 닳은 양복에 동그란 뿔테 안경을 쓰고 머릿기름을 바른 40대쯤 되어 보이는 남성이 지긋이 일본어로 쓰인 두꺼운 책을 읽고 있다.

그리고 벽 쪽에 설치된 서가에서 유심히 살펴보며 책을 고르는 단발머리에 세일러복을 입은 여학생 두 명, 한 학생은 박인환의 시집 『목마와 숙녀』를, 다른 한 학생은 앙드레 지드의 소설 『좁은 문』을 골라 비어 있는 열람 책상에 앉았다.

　전국에 공공도서관 수가 8개밖에 되지 않는 현실에서 이렇게 지방의 조그만 도시에 책을 볼 수 있는 도서관이 있다는 것 자체가 이 도시로서는 큰 행운이 아닐 수 없다. 휴전된 지 얼마 지나지 않은 지난해 여름 개관한 이 도서관은 어수선한 세상 속에서도 빠르게 자리를 잡아가고 있다. 말이 시립도서관이지 아직까진 관장이 운영하는 개인 도서관이나 마찬가지다. 관장 말고 직원이라고는 젊은 남자 직원 한 사람에 어린 급사 아이 한 명, 이렇게 둘밖에 없다.

　도서관에 있는 책 5천여 권도 모두 관장이 모은 책이다. 관장은 일본에서 자라서 큰돈을 벌어 해방된 뒤 귀국했다고 한다. 이 돈으로 그는 도서관을 세웠다. 남과 북이 서로 죽이고 죽는 3년간의 전쟁이 휴전된 지 얼마 지나지 않은 작년 여름, 도서관이 개관했을 때는 3천여 권 책 가운데 3분의 2가량이 일본어로 쓰인 책이었다. 그 사이 일본어로 쓰인 책은 많이 줄어들었지만 그래도 절반 넘게 차지하고 있다.

　시립도서관이라는 이름을 걸고 있기에 시에서 운영비를 조금 지원받고 있지만, 이것만으로는 인건비만 겨우 댈 정도다. 나머지 운영비와 도서 구입 비용은 관장이 자신의 돈으로 메꾸고 있다. 이 덕분인지 도서관을 찾는 사람도 꽤 많이 늘어났다. 1년이 지난 지금, 도서관을 찾는 이는 하루에 50여 명 남짓 된다. 이들 대부분 중·고등학생들이고 가끔 지역에서 배웠다고 자부하는 이들이 올 뿐, 어린이나 주부들은 드물다.

앞으로 올 미래의 도서관부터 30여 년씩 거슬러 올라가면서 공공도서관의 모습을 그려보았다.

1950년대 도서관은 지금 보면 도서관이라 할 수 없을 정도로 모든 면에서 열악했다. 일제로부터 해방이 된 뒤 우리나라 도서관을 이끌어가던 이재욱(국립도서관장)과 박봉석(국립도서관 부관장) 같은 이들이 6·25전쟁 중에 납북되거나 행방불명되었으며, 도서관 시설도 큰 피해를 보았다. 그 가운데 전국에서 가장 많은 장서량을 자랑하던 철도도서관은 폭격을 맞아 잿더미로 변해버렸다.

이 밖에도 몇몇 공공도서관은 6·25전쟁이 끝난 뒤에 끝내 재건되지 못하고 사라져 버렸다. 그 결과 1955년경에는 전국에 공공도서관이 8개 남짓했다. 이런 상황에서 주민들 절반이 넘는 높은 문맹률에, 하루 100명도 되지 않는 이용자와 몇천 권의 장서, 겨우 서너 개의 열람 책상이 있을 뿐 경제나 사회 등 모든 점에서 열악했던 우리나라 사정만큼 공공도서관 사정도 열악했다.

이때부터 30년이 지나 80년대는 우리 사회가 50년대와 비교할 수 없을 정도로 발전했다. 농·어촌에서 1차 산업 중심의 사회구조에서 도시화·공업화가 이루어졌고, 전 국민 대부분 글자를 읽고 쓸 수 있게 되었다. 그 사이 공공도서관도 160여 개로 20배 가까이 늘었고 규모도 커졌다.

하지만 공공도서관의 속살을 들여다보면 여전히 많은 문제점을 안고 있었다. 건물은 커졌지만, 대부분 1만 5천 권에서 2만 권 안팎의 자료를 소장하고, 개인 칸막이에 학생들이 자신의 책을 가지고 와서 공부할 수 있는 일반열람실 중심으로 구성되어 있었다. 그래서 '공공 도서관'이라고 말하면 자료 이용과 열람을 통한 정보자료의 제공과 유통이란 본래 개념보다는 자신의 책을 가지고 와서 공부할 수 있는 '독서실'로 지역주민들에게 인식되었다. 무엇보다 이용자들 대부분이 여전히 입시공부를 하는 중·고등학생들이었고, 어린이와 주부들은 대부분 '모자열람실'이나 '어린이실' 같은 제한된 공간만 이용할 수 있었다.

이로부터 다시 30년이 지난 요즘은 열람실은 폐가제에서 개가제로 바뀌었고 입관료는 없어졌다. 무엇보다 누구나 자유롭게 책을 빌려 갈 수 있게 되었다. 도서관을 주로 이용하는 계층이 입시나 자격증 시험을 준비하는 중·고등학생과 취업 준비생에서 어린이와 주부로 바뀌었다. 또한, 도서관이 자리 잡은 곳도 인적이 드문 곳이 아니라 모든 이가 쉽게 이용할 수 있는 주거지역이나 상업지역으로 옮겨 왔다. 이것뿐만 아니라 동네 곳곳에 작은도서관이 생겨났다.

이렇게 지난 60여 년 사이에 세월이 변한 것만큼 공공도서관의 모습도 이용자도 바뀌었다. 앞으로도 바뀔 것이다. 이렇게 도서관이 바뀌기까지는 많은 이들의 숨은 노력이 있었다. 그 가운데 우리가 반드시 기억해야 할 인물이 있다. 바로 엄대섭이다. 엄대섭을 알아보기에 앞서 먼저 근대사회에 공공도서관이 생겨난 배경과 공공도서관의 가치에 대해 알아보고, 엄대섭의 삶과 활동을 살펴보면서 우리나라 공공도서관이 발전해 온 과정을 알아보자.

I. 공공도서관의 가치

공공도서관은 어떻게 생겨났을까?

문헌정보학(Library and Information Science)은 다른 순수학문과 달리 '도서관'이란 건물을 가진 현장을 기반으로 자라온 응용사회과학이다. 이것은 곧 현장의 실천과 학문(문헌정보학)을 이루는 바탕은 서로 떼어낼 수 없을 만큼 매우 가깝다는 의미라고 할 수 있다.

문헌정보학 자체가 근대에 생겨난 학문이고 공공도서관은 19세기 중반에 시민사회의식이 자라나면서 나타났다. 공공도서관을 통해 지식과 정보는 몇몇 특권층의 소유물이 아니라 함께 나눠질 수 있게 되었다.

1. 공공도서관을 만들고 키운 사람들

근대 공공도서관 개념은 프랑스의 '가브리엘 노데(Gabriel Naude)'에 의해 생겨났다고 할 수 있다. 노데는 프랑스 혁명이 일어나기 170여 년 전, 루이 14세 때 재상 마자랭(Mazarin, Jules)의 개인 장서를 관리하는 문고장으로서 「도서관 설립을 위한 의견서」를 통해 '도서관은 특권 귀족계급 또는 정치 권력자들의 전유물이 아니고 민중을 위해 설립된 것'[1]이라고 주장했다. 이 주장은 마자랭에 의해 받아들여져 일반 민중들에게 도서관이 개방되고, 프랑스 혁명 때는 귀족들로부터 압수한 책들이 마자랭 도서관에 모아지기도 했다.

이와 더불어 독일의 '고트프리트 라이프니츠(Gottfried Wilhelm von Leibniz)'는 볼펜뷔텔(Wolfenbüttel) 도서관장으로 있으면서 '도서관은 교회, 학교, 법률, 정부와 함께 나라의 기본이 되는 것이라는 것과 그 이유는 신과 인간에 관한 모든 분야의 지식의 저장소이며, 장래의 사회, 과학의 발전에 있어 정보를 제공하는 장이라는 것이므로

---

1) 박상균 편, 『세계도서관학사상사』, 민족문화사, 1993, 16쪽.

도서관은 세금으로 운영해야 한다.'고 주장했다.

　미국의 '벤자민 프랭클린(Benjamin Franklin)'은 회원제 도서관 (Subscription Library) 운동을 통해 영국 식민지 시절 독립운동 정신을 북돋웠다. 회원제 도서관은 회원뿐만 아니라 시민들에게도 개방하였으며, 장서 구성면에서도 역사·문학·과학·철학 등 새로운 인간 중심의 사상, 또 실용적인 지식을 갖추고 있었다. 이런 프랭클린의 영향으로 현재 미국 공공도서관의 기초가 만들어졌다.

　이러한 공공도서관의 핵심은 '이용자'란 개념 정립에 있다. 전 근대적 도서관이 '자료 보존'에 초점을 맞추고, 소수의 특권계층에서만 이용했다면, 근대 이후 생겨난 공공도서관은 정보자료를 개인이나 소수가 독점하는 것이 아니라, 모든 사람이 함께 이용할 수 있는 이용자의 권리를 강조하고 이를 실천하는 것이다.

---

2) 박상균 편, 앞의 책, 40쪽.

2. 공공도서관이 품은 민주주의 가치

  나이나 성별, 인종에 상관없이 모든 이들에게 정보자료 제공을 목적으로 하는 '공공도서관'은 근대 시민사회운동의 정신이 담겨있는 곳이기도 하다. 이런 공공도서관의 가치는 이용자 중심, 공공비용의 원칙, 지적 자유 구현으로 정리할 수 있다.

  먼저 '이용자 중심'이란 시민의식이 성장한 근대에 생겨난 '공공도서관'이 이용자를 중심에 두고 어떤 이용자도 차별해서는 안 된다는 것이다. 즉 도서관이 '자료 보존 개념'에서 '이용 개념'으로 바뀌는 것은 곧 공공도서관의 탄생과 함께 나타난 필연이었다. 다음 글은 이 과정을 자세히 말해 주고 있다.

    공공도서관은 시민사회의 출발과 시작을 같이하였다. 계몽주의적 시민혁명의 성취로 근대적 의미의 시민들이 정치 경제적 주체로서 역사의 전면에 등장하며 어렵게 쟁취한 시민권, 즉 기본적 권리를 확대 유지하기 위해서 시민교육의 필요성을 절감하고 근대적 공교육제도인

의무교육 실시와 함께 시작한 것이 공공도서관의 설립이었다. 아동에 대한 기본교육을 일정 연령까지 국가가 부담하기로 하고 오늘날과 같은 의무교육 기관으로서 초·중등학교가 설립되었고, 교양 있는 시민의 다양한 지식 욕구와 재교육의 개발 기회를 제공하기 위해 공공의 교육 시설로서 지역마다 공공도서관을 설립하도록 도서관 지원 입법을 제도화하였다. 공공도서관은 근대적 시민사회의 공공기반시설로서 유용성을 인정받으면서 지역사회의 지식, 정보, 문화, 여가 활동을 주도하는 문화적 구심체로 성장하였다.[3]

다음으로 '공공비용의 원칙'은 국민의 세금으로 운영되는 것이니, 이용자는 무료로 도서관을 이용하는 것이다. 이에 대해 70년대 마을문고진흥회 사무국장이었고 엄대섭과 도서관운동을 함께한 이용남은 공공비용의 원칙이 근대 공공도서관에 적용된 배경을 다음과 같이 설명하고 있다.

18세기 후반 영국에서는 산업혁명의 결실로 자본주의적 경제체제가 확립되기 시작하자 점차 노동자 계층에게 '알 권리, 읽을 권리'를 민권의 차원에서 의식하게 되었고, 그 시대에 부쩍 대두된 박애주의적 사회교육사상은 이를 더욱 인식시키기 시작했다. 이는 18세기 후반, 노동자들이 자신들의 회비를 모아 「회원제도서관」(Subscription

---

3) 정현태, 『공공도서관의 지적 자유』, 한국도서관협회, 2002, 22쪽.

Library)을 만들기 시작함으로써 소위 준공공도서관(Semi-Public Library) 운동으로 나타났다. 1830-40년대 유럽혁명이 절정을 이루고 영국에서 민중들이 인민헌장운동을 일으키는 등 근대 민주시민 사회를 촉진시키자 이러한 소 도서관운동은 더욱 번져, 결국 책을 위하는 국민 대중의 여론은 영국 의회의 관심을 불러일으켰다.

드디어 영국 의회는 1847년 「공공도서관 필요성 조사위원회」를 구성, 2년간에 걸친 조사, 연구 끝에 공공도서관은 민간의 자발적 설립과 유지에만 맡길 것이 아니라 국가에서 국민의 세금으로 설립·운영해야 한다는 보고서를 낸다. 이에 따라 1850년 의회에서는 「공공도서관법」을 만들어 오늘의 도서관 이상국의 기초를 닦게 되었던 것이다.[4]

마지막으로 '지적 자유'는 다른 말로 '사상의 자유'라고 할 수 있는데, '사상의 자유'는 현대 민주주의 사회에서 기본적인 권리 가운데 하나이다. 공공도서관은 수많은 문헌과 자료가 다양한 사상과 지식을 담고 있기 때문에 '도서관에서 지적 자유'는 필수적이다.

19세기 말 자본주의의 급격한 성장과 이에 대한 부작용이 나타났고, 그 결과 마르크스에 의해 '사회주의' 사상이 주장되었다. 20세기 초 러시아에 볼셰비키 혁명으로 사회주의 정권이 들어서자 이와 반대로 독일에는 '나치주의' 같은 극단적인 국수주의도 나타났다. 이것

---

[4] 이용남, 「마을문고의 이념과 원리」, 《국회도서관보》 16권 3호(1979.4), 64쪽.

은 다른 사상에 대한 탄압으로 나타났고 도서관에서 정권과 다른 주장을 담은 사상을 다룬 자료에 대한 이용이 제한되거나 심지어는 자료가 강제로 압수되어 불태워졌다. 이에 대해 도서관인들은 문제의식을 느끼고 '도서관의 지적 자유'에 대해 깊이 생각하게 되었다.

이에 따라 1939년 미국도서관협회(ALA)가 '도서관권리선언(Library Bill of Rights)'을 발표하면서 공공도서관의 장서에 대한 이용자의 권리를 보장하려는 움직임이 처음 생겨났다. '공공도서관의 지적 자유'에 대해 정현태는 다음과 같이 말하고 있다.

> 도서관의 지적 자유란 국민의 표현의 자유를 수호하기 위한 사상과 정보유통의 광장으로서의 도서관 기능을 뒷받침하는 개념이다. 이는 사상과 정보의 자유로운 유통에 대한 각종의 개입과 규제를 입법으로 지원하였던 과거의 검열행위에 대한 저항행위에서 출발한 도서관 이념으로서, 왜 도서관 활동의 자유가 보장되어야 하는가를 역설적으로 설명하여 주는 배경적 철학을 제공해 주고 있다.[5]

이러한 공공도서관이 품은 민주주의 가치는 2차 세계대전이 끝난 뒤 1949년 발표된 유네스코 공공도서관 선언에서 세 가지 핵심가치로 정리되어 나타났다.

---

5) 정현태, 앞의 책, 39쪽.

공공도서관의 봉사는 연령, 인종, 성별, 종교, 국적, 언어, 또는 사회적 신분과 관계없이 모든 사람들에 의하여 평등하게 이용되는 것이라는 원칙에 입각하여 제공된다. …… 장서 및 봉사는 여하한 종류의 사상적, 정치적, 종교적인 검열에 대하여 굴복하여서는 안 되며, 또한 상업적인 압력에 대하여서도 굴복하여서는 안 된다. …… 공공도서관은 원칙적으로 무료로 운영되어야 한다.[6]

그렇지만, 우리나라 공공도서관은 오랫동안 입관료를 받아왔고, 1980년대 초까지 자료가 부실하거나 폐가제로 자료실이 운영되었다. 무엇보다 헌법에 사상의 자유는 명시되어 있지만 실제로는 공공도서관이 소장하는 자료에 대한 검열이 있었기에 이런 공공도서관이 품고 있는 민주주의 가치에서 많이 벗어나 있었다.

그러나 최근 우리나라 공공도서관이 오랫동안 지니고 있었던 문제점 대부분이 해소되었다. 여기엔 많은 도서관인의 노력도 있었지만, 우리나라 공공도서관에 평생을 바친 엄대섭이 없었더라면 훨씬 더뎠을 것으로 생각한다.

---

[6] 현규섭 역, 「유네스코 공공도서관 선언」, 《도서관문화》 (1996.3·4), 4-6쪽.; 〈www.kla.kr/reference〉 [2011.10.20 재인용]

II. 도서관에 삶을 건 **엄대섭**

1. 왜 엄대섭인가?

엄대섭은 울산에서 처음 사립 무료도서관을 열면서 도서관에 발을 디딘 이래 경주도서관 설립과 운영, 초대 한국도서관협회 사무국장 등을 거치며, 마을문고 운동을 전개하여 '1974년 말에는 35,011개의 마을문고를 설치'[7] 함으로써 전국 대부분 농·어촌 자연부락에 공공도서관의 씨앗을 뿌렸다.

이 마을문고를 통해 농어촌 주민들이 책을 쉽게 접할 수 있도록 하고, 그 뒤 주민들을 위한 주민들에 의한 공공도서관으로 자랄 수 있도록 이끌었다. 또한, 대한도서관연구회 활동까지 모든 삶을 공공도서관과 함께했다. 그 결과 1980년 막사이사이상 사회봉사 부문을 수상하고 2004년에는 문화예술 발전 유공자로 은관문화훈장을 받기도 했다.

이런 엄대섭의 삶과 활동은 현재 운영되고 있는 1천 200여 개 공공도서관과 수천 개 작은도서관의 기틀을 마련했지만, 공공도서관과

---

7) 새마을문고중앙회, 『새마을문고운동40년사』, 새마을문고중앙회, 2001.

작은도서관에서 일하는 사서들이나 종사자들조차도 대부분은 엄대섭을 잘 모르고 있다. 이는 그의 활동에 대해 제대로 알리려는 노력이나 평가가 없었다는 반증이기도 하다. 심지어 도서관에 필요한 인력을 양성하고 도서관의 사명을 가르치고 연구하는 '문헌정보학계' 안에서도 엄대섭에 대한 평가는 거의 이루어지지 않았다. 다만 2000년대 들어서면서 조금씩 알려지기 시작했는데, 이연옥이 그의 책『한국공공도서관운동사』[8]에서 처음으로 공공도서관운동의 관점에서 엄대섭의 활동에 대한 종합적 평가를 했다. 그는 여기서 한국공공도서관 발전과정에서 마을문고 운동은 "한국이라는 사회에서 지식의 대중화 구현이라는 시대적 요구에 부응하기 위한 나름의 운동"[9]이라고 했다.

또한, 대한도서관연구회에 대해서는 "1980년대 도서관운영의 근대화를 도모한 도서관운동의 핵심조직"[10]이라고 했다. 그는 엄대섭을 1960~70년대 경제개발 시기에 생활개선 운동의 한 방편으로 '마을문고 운동'을 펼친 사람이라고 여겼던 종래의 시각을 깨고 우리나라 공공도서관 발전에 큰 영향을 끼친 '도서관운동가'의 지위로 올려놓았다.

그리고 엄대섭과 오랫동안 도서관운동을 함께한 이용남은 2013년 『이런 사람 있었네』란 제목으로 엄대섭 평전[11]을 내면서 '엄대섭'에 대해 새롭게 알렸다. 2015년 10월 전국도서관대회에서 한국도서관협회 창립 70주년 기념 특별 세션으로 "한국 도서관운동의 역사를 만나

---

8) 이연옥, 『한국공공도서관운동사』, 한국도서관협회, 2002.
9) 위의 책, 87쪽.
10) 위의 책, 136쪽.
11) 이용남, 『이런 사람 있었네』, 한국도서관협회, 2013.

"엄대섭, 도서관에 바친 혼" 전시 및 토크 콘서트

엄대섭 흉상–울주군 선바위도서관

울산도서관 개관 기념 전시회

다"란 이름으로 '박봉석'과 '엄대섭'이 다루어지고, 2019년 초에는 대한도서관연구회 기관지 《오늘의도서관》 영인본이 발간[12]되었다. 2019년 가을에는 최지혜가 『책 민들레 엄대섭, 모두의 도서관을 꿈꾸다』[13]란 그림책을 펴내면서 어린이들이 볼 수 있는 책도 나왔다.

또한, 엄대섭이 태어나고, 처음 도서관을 시작한 울산에서는 2012년 11월 울주문화예술회관에서 "엄대섭, 도서관에 바친 혼"이란 전시와 토크 콘서트가 열리고, 2017년 8월에는 울주군 선바위도서관 마당에 엄대섭 흉상이 세워졌으며, 2018년 4월에는 울산도서관에서도 개관 기념으로 엄대섭 관련 전시가 열리는 등 조금씩 알려지고는 있지만, 아직까진 모르는 이들이 더 많다.

엄대섭은 사회·경제뿐만 아니라 모든 것이 열악했던 5~60년대 현실에서 우리 실정에 맞는 공공도서관 모델을 만들려고 했다. 이 도서관을 바탕으로 국민의 지적 수준을 끌어올리고, 공공도서관을 통해 우리 삶의 질을 끌어올릴 수 있을 것이란 믿음으로 도서관에 평생을 바친 분이다.

도서관을 이용하는 많은 이들이 지금의 공공도서관과 작은도서관을 있게 만든 '엄대섭'의 삶과 활동을 알게 된다면, 엄대섭이 도서관을 통해서 이루려고 했던 꿈 가운데 아직 못다 이룬 것도 이루어질 수 있을 것이라는 생각을 해 본다.

---

12) 이용남, 이용훈, 정선애 편, 『대한도서관연구회 간송 엄대섭의 오늘의도서관』, 한국도서관협회, 2019.
13) 최지혜 지음, 엄정원 그림, 『책 민들레 엄대섭, 모두의 도서관을 꿈꾸다』, 천개의바람, 2019.

2. 책 덕분에 성공한 장사꾼 소년

　엄대섭은 1921년 2월 28일(음력 1921년 1월 21일)[14] 경남 울주군 웅촌면 대대리 1348번지에서 아버지 엄장진과 어머니 이주 사이에서 5남매 가운데 장남[15]으로 태어났는데, 위로 누나 순득, 아래로 여동생 인득, 남동생 봉섭과 용섭이 있다.

　하지만 살기가 매우 어려워 여덟 살 때인 1928년에 식구들이 모두 일본 규슈의 코쿠라로 옮겨갔다. 일본에서 엄대섭은 1년 동안 일본어를 배우느라 다른 아이들보다 한 살 늦은 9살에 기요미즈(淸水) 소학교에 입학했다. 여기서 아버지는 공사장에서 막노동하며 생계를 이어갔지만, 일본에서 생활은 안정되지 않았다.

　아버지는 일거리를 찾아 여러 곳을 찾아다녔고, 그가 11살 무렵에 식구들은 야하다로 이주했는데, 여기엔 그 무렵 일본 최대의 제철소인 '야하다 제철소'가 있었다. 이곳에서 노동자로 일하던 아버지가 화

---

14) 지금까지 1921년 1월 21일 태어난 것으로 알려졌으나 이것은 음력 생일이라고 그의 육성 녹음(엄대섭 기금위원회 설립행사, 1982년 2월)에서 밝히고 있다.
15) 최지혜 지음, 엄정원 그림, 앞의 책, 229쪽.

엄대섭 가족사진(1940년대 후반 추정)

물차에 치여 불구가 되었고, 엎친 데 덮친 격으로 사고 보상금도 다른 이들이 가로채 가 버려 빈털터리가 되어버렸다. 이때부터 그는 식구들 생계를 책임지는 소년 가장이 되었다. 날마다 이른 새벽에 두부판을 어깨에 메고 두부를 팔아 봤지만, 생활은 나아지지 않았고, 학교도 다니는 둥 마는 둥 했다.

그는 좀 더 나은 일자리를 찾아 아카시(明石)시에서 세탁소 점원으로 일을 하게 되었는데, 세탁소 일은 두부 장수할 때와는 비교할 수 없을 만큼 수입도 좋았고 시간도 낼 수 있었다. 바쁜 세탁소 일에 쫓기면서도 틈틈이 학교에 다녔지만, 결국 다이캉 소학교 5학년 2학기 때 학교를 그만두고 좀 더 큰 도시인 고베에 있는 세탁소로 옮겨서 일했다.

그는 이런 어려움 속에서도 남들이 이상하게 여길 정도로 온갖 책을 쉬지 않고 틈나는 대로 읽었다. 공공도서관을 이용하거나 심지어는 유료 대여점에서 빌려 읽기도 했다. 배움에 대한 욕망과 가난에서 오는 외로움을 책으로 채웠다. 아래 일화는 그때 모습을 잘 보여주고 있다.

> 내가 도서관을 알게 된 것은 이 무렵(소학교 2학년 때)이었다. 훌륭한
> 건물에 많은 책을 두고 무료로 마음껏 읽을 수 있다니 꿈만 같았다.
> 하루는 학교에 가지 않고 시립도서관으로 갔다가 도서관 직원이 설득
> 하는 바람에 다시 학교에 가느라 지각한 일까지 있었다.[16]

열여섯 살이 되던 해에는 방직공장으로 옮겨서 일했지만 아무리
일해도 어려움은 크게 나아지지 않았다. 그가 열일곱 살 무렵에 처
음으로 남의 밑에서 벗어나 자신의 사업인 손수레나 자전거를 이용
해서 고물을 수집해서 재활용하는 고물 행상을 했다. 고베 시청에서
는 엄대섭에게 나이가 어린 미성년자라고 '고물 취급 허가'를 내주지
않았지만, 법전과 관련 규정을 내밀며 허가를 내달라고 조르는 그에
게 고베 시청에서는 허가를 내줄 수밖에 없었다.

그러나 그것도 비슷한 일을 하는 사람이 너무 많아 여전히 힘들었
다. 그럼에도 꾸준히 책을 읽고 있던 어느 날 그는 두툼한 교양 전집
을 읽다가 한 대목에서 큰 깨달음을 얻었다.

"남의 흉내만으로는 결코 성공할 수 없다. 같은 일이라도 남이 안
하는 방법을 고안해 내야 한다."

---

16) 엄대섭, 「도서관운동 30년을 회고하며 2」, 《도서관》 36권 1호(1981), 37~38쪽.; 이용
남, 「마을문고 운동의 초기 전개 과정에 관한 연구」, 《한국문헌정보학회지》 34권 4호
(2000), 33쪽에서 재인용.

'남이 하지 않는 일'을 몇 날 며칠 동안 생각한 끝에 헌 옷 수집 사업이란 아주 놀랄 만한 생각을 해냈다. 그 무렵 일본 정부는 태평양전쟁을 앞두고 생필품의 공급을 최대한 통제하고 있었기 때문에 일반 서민들은 입을 옷이 아주 귀했다. 하지만 부유층에서는 입지 않지만, 이웃들 눈치 때문에 쉽게 버리지 못하는 옷을 집에 쌓아놓고 있었다. 엄대섭은 '이런 부유층의 헌 옷을 서민들에게 공급하는 방법은 없을까!' 하는 생각에 이르렀다. 곧바로 고베 시내에 사무실을 얻고, 편지 형식으로 고급 광고지를 만들어 돌렸다.

> 비상시국인 이때, 부유하다 해서 다시 활용할 수 있는 낡은 옷가지를 묵혀 두어 좀먹힌다는 것은 애국 국민답지 않은 행위이다.…… 이러한 낡은 옷가지를 사들이기 위해 ○월 ○일 ○시에 귀하의 집에 들르고자 하니, 많이 이용해 주시기 바란다.[17]

이런 광고지를 보낸 다음에 부잣집들을 찾아다녔더니 앞을 다투어 옷을 내놓았다. 싼값에 사들인 옷은 서민들에게 적당한 값을 매겨 팔았는데, 헌 옷이라고 하지만 새것이나 다름없는 것이 많았기 때문에 옷을 모아 오기 무섭게 팔려나갔다. 거의 2년 만에 고베시내 부잣집들 헌 옷을 모두 끌어내다시피 하는 큰 성과를 얻어 그 무렵 일본 돈으로 2만 원이란 큰돈을 번 부자가 되었다.

---

17) 박경용, 『막사이사이상 수상자들의 외길 한평생』, 장학사, 1981, 229쪽.

일본으로 떠난 지 11년 만인 1939년에 다시 고향 땅을 밟은 그는, 부모님과 함께 일본으로 떠날 때부터 귀에 못이 박히도록 들었던 "논 열 두락(이천 평)만 있으면 고향으로 돌아가 편히 살 수 있을 텐데……"란 넋두리 같은 소원을 이루어드리게 되었다. 그는 경주 시내에 기와집 한 채와 현곡면에 땅 2만여 평을 샀고, 단숨에 그 면에서 가장 넓은 땅을 가진 지주가 되었다. 부모님 소원을 열 배로 풀어드린 것이다.

이렇게 고향에 든든한 삶의 터전을 마련해 놓고 다시 일본으로 갔다. 낮에는 장사하면서 밤에는 야간 호쿠신(北神) 상업학교에 들어갔다. 그는 초등학교 졸업장이 없어 학교 이사장과 교장을 찾아가 간청한 끝에 겨우 입학 허가를 받아 학교에 다닐 수 있었다. 그렇게 바쁜 삶 속에서도 틈나는 대로 책을 사 모으고 꾸준히 읽었다. 그는 책을 읽으면서도 언제나 다음과 같은 다짐을 했다.

'새로운 지식만이 사업에 성공을 가져온다. 내가 그 큰돈을 벌게 된 비결을 생각해 낸 것도, 바로 책에서 얻은 게 아닌가. 그러고 보면 책은 단순한 마음의 양식이 아니라 생존경쟁의 무기인 것이다.'[18]

한편 일본에서 그의 나이 스물세 살 때 한국인 처녀인 정숙례(1925년 생)와 혼인을 하고, 같은 해 아들 동화를 낳았다. 스물다섯에 우리

---

18) 앞의 책, 232쪽.

나라가 해방되었다는 소식을 듣자마자 서둘러 사흘 뒤인 8월 18일에 식구들을 데리고 귀국했다. 남들보다 아주 빠른 귀국이었는데, 그는 자신이 민간인 가운데 가장 먼저 귀국한 사람일 거라고 말하곤 했다. 해방된 나라에서 남들보다 먼저 새로운 일을 준비하기 위해서였지만, 정작 해방된 나라는 더 혼란스러웠고, 새로운 사업 거리를 찾아 전국을 돌아다녔지만 마땅한 것이 없었다. 그사이 나라는 좌우익의 대립으로 더 어지러웠고 학교를 세워볼 생각도 했으나 너도나도 학교를 세운다는 사람이 많아서 접었다.

경주시 현곡면에서 가장 넓은 땅을 가졌던 그는 미리 토지개혁을 예견하고 땅을 조금 팔아서 마련한 돈으로 배 두 척을 샀다. 우리나라에서 살아있는 생선(활어)을 일본으로 수출하고 일본에서 생필품을 사 오는 무역업을 시작했다. 하지만 이 사업은 일 년도 가지 못하고 실패하고 말았다. 배 두 척이 서너 달 간격으로 암초에 걸려 부서져 버린 것이다. 그 가운데 한 척에는 그가 직접 타고 있었는데, 설을 얼마 앞둔 추운 겨울 경주 감포 앞바다에서 배가 침몰하는 위기 속에서 가까스로 목숨만 건졌다.

3. 마음만 앞섰던 도서관 운영

　이렇게 이 땅에서 벌인 첫 사업은 크게 실패하고 말았다. 그는 사업을 잠시 접고, 더 많은 것을 배우기 위해 1950년에 부산 동아대학교 법학과에 입학했다. 마침 그의 아내는 부산진시장에서 단팥죽 장사를 하고 있을 때였다. 그러면서도 그는 여전히 많은 책을 읽고 수집하고 있었고, 학교 수업을 마치면 가까운 부산시청 앞 헌책방에 들르는 것이 일과처럼 되어있었다.

　그러던 어느 날, 여느 때와 다름없이 헌책방에서 가득 쌓인 책더미를 뒤지다가 어느 한 책에 눈길이 멈추었다. 일본사람 오토베 센자브로(乙部泉三郞)가 쓴 『도서관의 실제적 경영(圖書館の實際的經營)』라는

책과 첫 만남이었다. 먼저 목차를 차근차근 살펴보았다. 그러면서 머릿속에는 힘겨운 어린 시절, 책을 통해 자신이 큰 깨달음을 얻고 사업도 일으킬 수 있었던 기억이 다시 떠올랐다.

「도서관의 실제적 경영」 원본

이 책을 몇 날 며칠 동안 되풀이해서 보았다. 그러면서 일본에 있을 때 처가가 있던 도쿠야마시에 갔을 때가 생각났다.

해방되기 한 해 전, 아내가 참 재미있는 구경거리가 있다고 해서 아내와 같이 당장 가 본 적이 있다. 마을의 성주가 자신의 저택을 사립 도서관으로 개방해 놓은 것이었다. 규모나 시설도 볼만했지만, 그 무엇보다 저택을 도서관으로 삼아 사회에 봉사하는 성주의 뜻이 사무치도록 거룩하게 느껴졌다.

"대단한데, 성주는 정말 훌륭한 사람이오."

그가 감탄하자, 아내도 덩달아 맞장구를 쳤다.

"그래요, 여기 도쿠야마 시민들은 모두 성주를 우러러보아요. 말이 쉽지 그게 어디 쉬운 일이에요?"

"나도 돈이 많다면 저런 일을 해보고 싶소. 책도 좋지만, 책을 널리 읽히는 일은 더욱 좋은 거니까."

아내는 활짝 웃었다.

"못하실 것도 없지 않아요. 마음만 있으면 언제고 할 수 있게 될 날이 오겠죠, 뭐."[19]

그때 생각이 스치듯 떠오른 것이다. 해방 뒤 이런저런 사업을 하기 위해 돌아다녔던 지난 5년간의 생활도 되돌아보았다. 몇 달의 고민

---

19) 박경용, 앞의 책, 240-241쪽.

끝에 그는 도서관 사업에 평생을 바치기로 했다. 지금 부모 형제들이 사는 경주에서 할 것인가 아니면 그의 고향인 울산에서 할 것인가! 본격적으로 도서관을 준비하면서 많은 고민을 했다.

그가 울산에서 도서관을 운영하기로 마음먹은 이유는 도서관을 여는 본래의 뜻 가운데 하나가 농촌 계몽인데, 지금이야 울산이 우리나라 대기업 공장이 많이 있고, 경주보다 훨씬 큰 대도시지만 그 무렵에는 경주보다 더 농촌 지역이었기 때문이다. 경주는 일제강점기부터 관광지로 전국에 알려져 농촌의 특색이 옅었고 무엇보다 울산에는 친지들이 많이 살고 있어 도서관 사업을 하는 데 큰 어려움은 없을 것으로 판단했다.

1951년 여름, 자신이 가지고 있던 3천여 권의 책을 모두 가지고 사람들 왕래가 잦은 울산 시외버스 터미널 근처에서 사립 무료도서관을 열었다. 도서관 운영에 드는 비용은 부산에서 아내가 버는 돈으로 충당하기로 하고, 그는 직원 한 사람을 데리고 자취를 했다.

도서관이라고는 하지만 규모는 작고 보잘것없었다. 열 평 정도 방에 등받이도 없는 긴 나무 의자 몇 개에 책상 두어 개가 놓여 있을 뿐이었다. 책도 그동안 자신이 모은 책 3천여 권에 그나마 절반 가까이는 일본어로 쓰인 책이었다. 하지만 도서관은 꽤 활기를 띠었다. 스무 명 정도 들어갈 수 있는 조그만 방은 언제나 가득 찼고, 지식인이나 학생들이 많이 찾아왔다. 그러나 그는 무엇보다 책이 필요한 이들은 농민들이라 생각했고 농민들에게 책을 읽게 하고 싶었다. 마침 한창 전쟁 중이던 때라 버려진 탄통이 많았다. 탄통 50개에 책을

울산도서관 순회문고함

10~20권씩 담아서 '울산도서관 순회문고'라는 이름을 써 붙였다. 그리고는 자전거를 타고 가까운 농촌 마을로 찾아가 주민들에게 책을 빌려주었다. 이 순회문고는 처음엔 환영받았으나 얼마 지나자 농민들이 읽을 만한 책이 모자랐고, 책을 읽는 이들도 적어서 눈에 띄는 성과를 거두진 못했다.

그뿐만 아니라 주변에서는 나중에 정치하기 위해 도서관을 운영하는 것이라는 의구심을 가졌다. 무엇보다 그의 이런 활동에 대해 경찰에서는 의혹의 눈초리를 가지고 감시를 하고 있었다. 때로는 직접 경찰서에 불려가기도 했고, 도서관 책들을 검열하고, 구독하고 있던 일본 잡지에 실려 있는 글을 문제 삼으며 사회과학 분야 책 몇 권과 잡지가 압수당하기도 했다. 심지어는 열람자들의 독서기록까지 조사하는 바람에 단골 이용자들이 모두 떨어져 나갔다.

하지만 여기에 굴하지 않고 독서 권장을 위해 '먹고만 사는 것은 사람 닮은 짐승이다. 사람 노릇 하려거든 책 괄시하지 마소.'란 표어를 써서 공중화장실이나 관공서 벽에 붙여 놓고, 도서관 안팎에는 '조용히 하시오.'라는 문구와 함께 입에 자물쇠를 채운 그림의 포스터를 붙여 놓았다. 그러나 이것은 경찰의 심기를 더욱 거슬리게 했고, 더는 도서관을 운영하기 힘든 처지에 이르렀다. 그래서 모든 시설을 기증하고 도서관을 공립으로 바꾸려고 마음먹었다.

1950년대 경주도서관

처음에는 울산 읍장을 찾아가서 읍에서 도서관을 운영해 달라고 부탁했으나 거절당하고, 경주로 가서 읍장을 설득하는 데 성공했다. 1953년 7월, 장서와 시설을 경주읍에 기증하여 경주 읍립 도서관을 설립하고 무보수 관장이 되었다. 이 도서관은 1955년에 경주읍이 경주시로 승격함에 따라 경주시립도서관이 되었다. 그 무렵 발행된 한국도서관협회 일람에 따르면, 경주도서관은 5,012권의 장서에 열람좌석 4석, 하루 66명 정도[20] 이용하고 있었다고 한다. 그는 도서관장으로 일을 하는 한편 울산에서 하던 농촌 지역 순회문고를 경주에서도 꾸준히 운영했지만 도서관과 순회문고를 개인이 혼자서 운영하기에는 어려움이 많다는 것을 뼈저리게 느꼈다.

---

20) 김포옥, 「광복 이후 한국공공도서관사 연구: 일제하 공공도서관제도의 영향을 중심으로」, 박사학위논문(성균관대학교 대학원), 1991.2, 24쪽에서 재인용.

4. 한국도서관협회를 다시 창립하다

경주에서 혼자 분투하던 무렵, 1955년에 전국 도서관대회가 서울에서 열렸고 여기에 엄대섭은 경주도서관장 자격으로 참석했다. 여기서 자신이 도서관을 운영하게 된 배경과 경주시립도서관 상황에 관해 이야기했고 이것은 여러 사람의 눈길을 끌었다. 또한, 전국의 도서관들이 힘을 한곳으로 모으고 전 국민 차원의 독서운동을 일으킬 필요성도 주장하고, 이런 활동을 체계적으로 관리할 '한국도서관협회' 창립을 제안했다.

'조선도서관협회'는 해방되던 해 가을인 1945년 9월 30일에 이재욱, 박봉석에 의해 창립되었으나, 주도적으로 참여한 두 사람이 6·25전쟁 때 납북되거나 행방불명되면서 무너지고 말았다. 1955년에는 두 사람의 생사를 알 수 없어 이들이 주도적으로 설립한 '조선도서관협회'를 이어받는 것이 조심스러워 새롭게 '한국도서관협회'를 창립하게 되었다. 그 뒤 오랜 세월이 흐른 2015년에 이르러 다시 '한국도서관협회' 창립을 1945년으로 고쳤다.

해방 뒤 처음으로 미국에서 도서관학을 공부하고 와서 한국도서관협회 전무이사로 참여했던 이봉순(전 이화여대 도서관장)은 그의 자서전에서 '한국도서관협회'를 창립할 무렵 엄대섭의 노력에 대해 다음과 같이 이야기하고 있다.

> 경주 시립도서관장이었던 엄대섭 선생이 찾아왔다. 그분은 한국도서관협회를 창립하는 일이 우선 시급하다고 하면서 협조를 구하고 나섰지만 나 자신은 협회보다 도서관 재건이 더 급하다고 생각하고 있었기 때문에 엄대섭 의견에 찬성할 마음이 없었다. 그러나 엄대섭 선생 열성에는 당할 도리가 없어 결국 찬성 쪽으로 기울어 버렸다.
> 이대 도서관장실이 중심이 되어 엄 선생, 김중한 선생, 박희영 선생 그리고 나, 넷이 자주 모여서 한국도서관협회를 조직하는 데에 정성을 기울였다. 이렇게 하여 협회는 1955년 창립총회를 열고 당시 국립중앙도서관장이던 조근영 씨가 회장이 되고 나는 전무이사(부회장), 엄대섭 선생은 사무국장이 되었다. 설립 목적은 우선 급한 대로 친목을 위하여 흩어져 있던 도서관인들을 한데 모이게 하고 강습회를 열어 도서관 실무지도를 하자는 데 있었다.[21]

이런 그의 노력으로 1955년 4월 16일 한국도서관협회가 다시 창립되었지만 모든 것이 부족했고 심지어 사무실을 마련할 자금도 운영비도 없었다. 결국, 소공동에 있었던 국립중앙도서관 복도 한구석에

---

21) 이봉순, 『도서관 할머니 이야기』, 이화여자대학교 출판부, 2001, 101쪽.

칸막이를 설치하고, 책상과 전화만을 들여놓은 협회 사무실을 만들었다. 이때 운영비 대부분은 엄대섭이 부담했다. 엄대섭의 열정적인 도서관협회 활동에 대해 잘 알 수 있는 일화는 이용남의 글에서 잘 나타나고 있다.

이봉순 교수가 도서관협회 전무이사를 맡고, 엄 선생이 사무국장을 하던 1950년대 후반 어느 날 이 교수 댁으로 엄 선생이 찾아왔다. 당시 도서관계 정책 현안을 풀기 위해 문교부 고위층과 담판이 필요하던 때였다 한다. 그래서 엄 선생은 문교부 측과 어렵사리 고위층(장·차관 중 한 분으로 기억) 면담 일정을 잡아놓았다며, 전무이사인 이 교수가 문교부를 방문, 면담하고 도서관계의 입장을 강력히 요청해달라는 주문이었다. 그러나 이 교수는 거절하였다 한다.…… 몇 차례 설왕설래하였지만 엄 선생이 계속 물러서지 않자, 이 교수는 단호하게 말을 끊으며 엄 선생을 대문 밖으로 인도하였다 한다.

"이제 나는 모르겠어요. 저는 급히 할 일이 있으니 그만 가 보세요."

"이 교수님이 면담하시고 설득을 해 주셔야만 합니다. 그러실 때까지는 저는 절대 물러서지 않겠습니다."

대문을 나서면서 하는 엄 선생의 말을 못 들은 척하고 이 교수는 그냥 대문을 잠그고 들어왔단다. 한두 시간쯤 지났을까. 쓰레기 버리러 대문 밖에 나갔던 일하는 아줌마가 놀란 얼굴로 헐레벌떡 방에 들어오며,

"사모님, 큰일 났어요. 아까 오셨던 그 코끼리 같은 아저씨가 대문

앞에서 눈사람이 되어버렸어요."

이 교수는 무슨 영문인지 모르다가 자세한 설명을 듣고는, 함박눈이 펑펑 내리고 있는 마당으로 나가 대문을 열어보고 소스라치게 놀랐다는 것이다. 엄 선생이 대문 앞 계단 턱에 걸터앉아 있었는데 두어 시간을 꼼짝하지 않고 내리는 눈을 그대로 다 맞아 눈이 어깨와 머리에 수북이 쌓여 정말 눈사람이 되어있었다는 것이다.

엄 선생의 비폭력 연좌 농성에 결국은 이 교수가 굴복하였다 한다. 그렇지만 한번 찍으면 도대체 물러서지 않고 들러붙는 엄 선생의 불도저 성격에 아주 질려 버렸기 때문에 그 후 엄 선생을 싫어하게 되었다는 이 교수의 설명이었다.[22]

한국도서관협회를 창립하면서 가장 먼저 한 일은 '도서관법' 초안을 작성하여 법을 제정하려 한 것이다. 관련 법 규정이 마련되어 있어야만 도서관이 제대로 자리 잡을 수 있다고 생각했기 때문이다. 또한, 도서관 강습회를 열어서 도서관에 필요한 이들을 교육하였으며, 제1회 독서주간(현재 독서의 달)을 실시했다. 그리고 농촌의 독서 진흥을 위해 협회를 최대한 활용하기로 마음먹고 '농촌 책 보내기운동과 농촌문고 운동'을 본격적으로 추진했다.

농촌 책 보내기운동은 1956년 4월부터 문교부 사회교육과에서 도서관협회와 함께 전국의 초등학교 4학년부터 대학생까지를 대상으

---

22) 이용남 교수 정년퇴임 기념문집 간행위원회 편, 『끝나지 않은 도서관 戀歌』, 좋은글터, 2008, 257-258쪽.

로 헌책수집 운동을 벌여 수집된 책을 전국의 농·어촌에 보내는 농촌문고 운동이었다.

농촌문고 설립목적은 '공공도서관이 부족한 농·어촌에 문화 혜택을 제공하는 것'[23]과 '문맹 퇴치운동을 통해 국문을 해독하게 된 농어민들이 다시 문맹으로 환원되지 않도록 하는 방안으로 그들에게 독서 자료를 계속 제공'[24]하는 것이었다. 그러나 농촌문고는 실패할 수밖에 없었는데, 실패 원인에 대해 교육학자인 서명원은 '온마을교육(평생교육)'의 관점에서 다음과 같이 분석하고 있다.

첫째, 농민들은 배워야 할 터이지만 배워야 하겠다는 자발적인 의욕이 없었다. 교육의 효과는 학습자의 능동적인 태도가 없는 경우는 크게 기대하기 어려운 것이다.

둘째, 도시에서 보내준 서적이나 잡지를 검토해 보면, 농민들의 지식수준에 넘치는 것이 많았고, 그들이 필요로 하는 실용적인 내용의 것이 아니었고, 도시 생활 또는 부유층에나 관계있는 것이었기 때문에 도움은커녕 오히려 해로운 경우가 적지 않았다.

셋째, 구호물자를 받은 자의 심정은 고마우면서도 무시당한 느낌을 갖게 되는 법이다.…… 표지도 없고, 군데군데 찢어진 헌 잡지를 받았을 때, 그들의 마음의 상처는 컸던 것이다. 인간 대접을 받지 못한 데

---

23) 남상영, 「사회교육 실시에 대하여」, 《문교월보》 42호(1958), 29-35쪽.; 이용남, 앞의 글, 31쪽에서 재인용.
24) 최제만, 「문맹퇴치 교육에 관하여」, 《문교월보》 49호(1959), 52-58쪽.; 이용남, 앞의 글, 31쪽에서 재인용.

서 오는 불쾌감을 어찌할 수 없었다.

넷째, 농촌문고용으로 수집된 도서도 비록 중고도서이지만, 그 수량은 결코 적지 않았다. 도시의 각급 학교를 통해서 거의 강제적으로 수집된 까닭에 책들은 볼품없고 그 권수는 무한히 많았지만, 과연 그 중의 몇 %가 농촌에서 기다리고 있는 배움에 굶주린 손에 들어갔는지도 알 수 없다. 쓸 만한 책들은 송 중에서 적당히 자취를 감추고 말았다 하니 한심스러운 일이라 아니할 수 없다.

다섯째, 관에서 사무적으로 배포된 책을 농촌 청소년들이 자발적으로 읽는다고 생각하면 안 된다. 여기에는 역시 친절한 지도자가 있어 그들을 자극하고, 북돋아 주고 끌고 나가는 손이 필요한 것이다. 농촌문고에서는 이러한 점에서도 허점이 있었다고 본다.[25]

엄대섭 자신도 농촌문고의 실패 원인에 대해 아래처럼 반성하고 있다.

첫째, 농촌문고 운동은 책 보내기운동이었다.

정부에서 간행되는 소책자들이나 뜻있는 학생들이 방학을 이용해서 여기저기서 헌책 등을 수집해서 농촌에 가져다주었다. 그러나 독서습관이 없는 농어촌 사람들이 그러한 헌 교과서나 딱딱한 서적들을 즐겨 읽으려 들지 않았고 읽더라도 큰 도움을 받을 만한 책도 많

25) 서명원, 「온마을 교육에 있어서의 마을문고의 역할」, 《도협월보》, (1971.3), 3쪽.

이 받지 못했다. 현재 농촌문고라는 이름으로 수백 권의 책이 모여 있다고 자랑하는 곳도 실상은 가 보면 헌 교과서나 잡지 등이 아니면 은행의 조사통계월보 같은 것이 대부분임에 놀라지 않을 수 없다.

이러한 일들로 해서 농어촌 사람들에게는 오히려 독서 의욕을 줄여왔고, 농촌문고는 책을 공짜로 얻어서 하는 것인 양 의구심을 조장한 결과가 되었다.

둘째, 농촌문고의 책 보내기운동은 시루에 물 붓듯 책이 모여지지 못했다.

셋째, 농촌문고는 책의 관리가 철저하지 못했다.

넷째, 농촌문고는 책 보내기운동 위주였기 때문에 구체적인 지도나 육성책은 전혀 없었다.[26]

이와 같은 농촌문고의 문제점을 해결하기 위해 주민들이 스스로 참여하여 만들어 갈 수 있는 독서 시설을 고민한 끝에 마을문고를 창안했는데, 그때 상황은 아랫글에서 확인할 수 있다.

1960년 어느 늦가을날, 경주시 변두리 농촌을 순회하면서 나는 순간적으로 팔 년간의 시행착오를 깨달았다. 그것은 나의 주관적인 선의가 결과적으로 농민들을 하나의 책 구걸인으로 만들어 그들의 자주적인 능력을 오히려 가로막아 왔다는 것이다.

---

26) 엄대섭, 「농어촌의 독서운동 마을문고」, 《신사조》 (1963.6), 164-169쪽.

그 순간 나는 뼈아프게 책임을 느끼고 농민들의 독서운동은 책을 주는 것이 아니라 그들 스스로가 푼돈을 모아 공동의 책을 사 보는 자율적인 운동으로 추진해야 하며, 그 방법으로 그들 가까이에 그들이 읽고 싶은 책이 비치된 소도서관을 마련해야 한다는 것이다. 이것이 바로 자연부락 단위로 설치되고 있는 오늘의 마을문고인 것이다.[27]

그나마 드물게 경남 합천의 묘산도서관은 농촌 책 보내기운동이 성공한 사례로 꼽을 수 있다. 합천 묘산도서관장이었던 장석순의 말에 따르면, "농촌 책 보내기운동으로 합천군에 보내진 책 대부분이 묘산도서관으로 왔다. 묘산도서관에서는 책을 다시 정리하여 도서관에 비치하거나 이웃 마을에 나눠주기도 했다. 특히 덴마크의 협동조합 운동을 소개한 책은 우리 농촌이 나아갈 방향을 알려준 책이었다. 이 책을 통해 우리는 농촌을 협동조합 형태로 바꾸는 아이디어를 얻었다."[28] 이 덴마크의 협동조합 운동을 소개한 책은 농촌 계몽을 위한 정부 간행물 가운데 한 권이었다고 한다. 앞서 서명원이 지적한 문제점에서 '친절한 지도자가 있어 그들을 자극하고'란 말처럼 묘산도서관에는 농촌에서 보내주는 자료를 수용할 수 있는 공간(도서관)도, 장석순 같은 지도자도 있었기 때문에 가능했다고 볼 수 있다. 이것은 엄대섭의 마을문고 운동에도 중요한 요소로 작용하는 것이다.

---

27) 엄대섭, 「농어촌에 심는 독서의 씨앗: 마을문고 설치 일만 개를 돌파하고」, 《신동아》, (1968.7), 252쪽.
28) 장석순(5~60년대 당시 묘산도서관 운영자)과 대면 인터뷰, 2012.3.18. 부산대학교 앞 차밭골

5. 우리 농촌 현실에 맞는 도서관 모델
– 마을문고

　엄대섭은 자신이 고안한 마을문고를 경주 변두리 농촌인 탑마을에 처음 시험 삼아 설치해 봤는데 그것이 성공을 거두었다. 이를 계기로 마을문고를 전국으로 확산시키기 위해 서울로 생활 터전을 옮기고, 경주도서관장직과 한국도서관협회 사무국장직도 그만두었다. 고향 농토 800여 평을 처분한 돈 20만 원과 한국도서관협회에서 받은 퇴직금 3만 원, 그리고 경주도서관에서 기념품으로 받은 순금 열쇠까지 팔아 자금을 마련했다. 그 돈으로 1961년 서울 미아리 고개(돈암동)에 있는 그의 집 아래채에 사무실을 차리고 '농어촌마을문고보급회'의 사단법인 허가를 받아 마을문고 운동을 본격적으로 시작했다.

　또한, 같은 해 6월에 '농어촌마을문고보급회'의 취지문과 정관 초안, 그리고 독서회 회칙(준칙)을 만드는 등 단체로서 면모를 갖춰 나갔다.

농어촌마을문고보급회 취지문

국민 대중을 위한 독서 시설의 보급은 사회교육의 중심적인 과제로서 현대 국가의 중요한 정책이 되고 있습니다.

따라서 여러 선진국에 있어서는 국민 2천 명당 1개 도서관, 그리고 매 도서관 구역 내에 무수한 문고가 보급되고 있으며, 그뿐만 아니라 산간벽지 주민을 위한 많은 자동차문고가 활동하고 있습니다.

그런데 우리나라에 있어서 교육은 학교에 치중하고 문화시설은 도시에 집중하여 국민의 8할을 차지하는 농어촌 주민을 위한 사회교육 시설은 어디에서도 찾아볼 수 없는 실정입니다.

조국의 재건이 과감하게 수행되어야 할 이때 본 발기인 등은 향토 지역사회 문화발전의 한 방안으로서 혁명정부의 문화시책에 적극 협력하고자 「농어촌마을문고보급회」를 조직하여 독지가로 하여금 전국의 농산어촌에 마을문고의 기증 설치를 권장 보급하고 문고 독서회로 하여금 이를 운영케 하며 기증 도서를 수집, 배부함으로써 일률적으로 농어촌 주민의 직업적, 사회적 문화적 자질 향상에 기여하고자 하는 바입니다.

단기 4294년 월 일

농어촌마을문고보급회[29]

---

29) 새마을문고중앙회, 앞의 책, 42-43쪽.

이 마을문고는 문고함, 독서회, 선정도서 이렇게 3가지로 기본 구성이 되어있는데 다음과 같다.

　1) 문고함: 약 300권의 책을 보관할 수 있는 책장으로서 도서관 건물 역할을 한다(문고함의 높이는 135㎝, 폭은 91㎝, 2개의 유리문과 서랍이 달린 나왕 목제품).
　2) 독서회: 마을문고가 설치된 부락의 14세 이상(주로 20세~30세 중간의 주민) 10명 이상으로 조직된 마을문고의 관리 운동 주체로서 도서관 직원에 해당한다.
　3) 선정도서: 마을문고용 도서선정위원회에서 선정한 도서[30]

문고함 구성에서 책장은 2개의 유리문과 함께 서랍도 2개가 달려 있다. '그 하나는 도서 대장, 대출 대장, 도장 등을 넣어 두는 도서관 사무실 구실이고 다른 하나는 신문이나 잡지를 넣는 정기간행물실이다.'[31] 이렇게 구성된 문고함은 도서관을 축소한 것이다.

그리고 마을문고는 최소한 20호 이상 마을이 형성되어 있는 곳에서 마을 청년들을 중심으로 독서회를 구성해서 운영하도록 했다. 마을문고용 선정도서 30여 권을 함께 구성한 것은, 앞으로 마을문고를 운영해 나갈 독서회에서 책을 사서 늘여 나갈 도서 선정에 대한 기준을 알려 주고 있다.

---

30) 엄대섭, 「마을문고의 의의와 성과」, 《국회도서관보》 6권 4호(1969.5), 7–8쪽.
31) 엄대섭, 「농어촌의 독서운동 마을문고」, 《신사조》 3권 5호(1963.6), 167쪽.

마을문고 설치 기념하여 문고함과 함께

　마을문고는 설립자가 설립지를 지정하여 설립비를 마을문고 본부에 보내오거나, 주민들이 모은 설립비를 본부에 보내오면 본부에서 지역으로 문고함을 발송하는 절차를 통해 설치되었다. 특히 문고함에 설립단체나 개인의 이름을 새겨서 기념하며 주민들이 고마운 뜻을 받들어 스스로 키워나가도록 했다.

　그는 본격적으로 아는 사람을 찾아가 "고향이나 연고지에 당신의 이름으로 문고를 설치해 주자."고 말하며 마을문고 설치 운동을 했다. 가장 먼저 문고 설치에 응한 사람은 당시 전남방직 상무이사로 있던 이종기로, 그는 경주 출신으로 경주도서관에 책을 기증해 주었던 인연으로 잘 알고 지내던 사이었다. 두 번째로 응해 준 사람은 서울지방법원 수석 판사였던 정영조로, 엄대섭의 마을문고에 대한 취지 설명을 들은 그는 좋은 일을 한다며 다섯 개 분의 설치비용을 내놓았다.

　그러나 이런 호응은 많지 않았다. 오히려 잘 모르는 사람들은 책

외판원으로 생각했고, 이렇게 1년 동안 설치한 문고는 26개밖에 되지 않았다. 그사이 준비했던 자금은 모두 떨어지고 그의 마음은 점점 더 초조해져 갔다. 그는 사무실이 미아리란 외진 곳에 있다는 것이 문제가 되지 않았을까! 생각하던 차에 동아대 선배이면서 '대전일보' 사장이던 남정섭을 만나서 부탁을 해 봤다.

남정섭의 도움으로 종로 1가 한일관 앞에 있는 3층 건물에 10평 정도 공간을 무상으로 빌릴 수 있었다. 이를 계기로 그는 경주에 있던 집마저 팔아서 32만 원의 운영자금을 더 마련하고 직원과 사환을 채용했다. 그는 아직 이 사업에 불이 제대로 붙지 않아서 그렇지 불만 붙으면 모든 것이 해결될 것으로 확신하고 있었다.

한편으로 그 무렵 엄대섭은 이 사업은 정부의 협조가 꼭 필요하다고 생각하고 정부의 자금 보조를 얻기 위해 날마다 문교부에 출근하다시피 하고 있었다. 1962년 6월 30일 아침, 문교부 관계자들로부터 마을문고의 실물이 어떤 것인지 그 모양을 보여 달라기에 문고함 하나를 가지고 가서 문교부 현관에 두었다. 마침 이것이 문교부 출입 기자단의 눈에 띄게 되었고, 기자실에 와서 취지를 설명해 달라고 요청받았다.

그는 혹시나 하는 기대를 하며 정성을 다해 취지와 내용을 설명했다. 그런데 그날 오후부터 사무실로 신문사 기자들이 몰려들기 시작했다. 그때부터 며칠 동안 모든 중앙지에 크게 기사가 실렸고, 라디오방송에서도 마을문고가 소개되었다. 그러자 많은 이들이 자신의 고향이나 연고지에 마을문고를 설치하겠다며 연락이 오고 설치비를 내고 갔다. 이렇게 마을문고 운동은 언론의 꾸준한 도움을 받게 되었고, 전국 방방곡곡에 널리 퍼지게 되었다.

그리고 동아일보사로부터는 신문사의 사업으로 문고 설치기금을 모집해 줄 테니 공동사업으로 추진하자는 제의도 받았다. 엄대섭은 명예회장으로 모시고 있던 아동문학가 마해송 선생을 찾아가 의논을 한 끝에 마을문고를 범국민운동으로 발전시키기 위해서는 특정 언론사와만 하는 것보다는 가능한 많은 언론사의 협조를 골고루 받는 것이 좋겠다는 생각을 하고 여러 언론기관에 공동후원을 의뢰했다.

서울의 모든 일간신문과 방송국, 그리고 지방신문까지 거의 모두가 발 벗고 나서 문고 설치 모금을 위한 사고(社告)를 내었고, 사설로 여론을 환기했다. 또한, 매일같이 마을문고 설치자의 명단이 신문에 게재되고 방송되었다. 이와 같은 언론계의 공동후원이 2년에 걸쳐 계속되자 1963년 말에는 1,282개의 문고를 설치할 수 있었다.

그는 무엇보다 마을문고를 설치하는 데만 그치지 않고 관리·운영하는 데 큰 노력을 기울였다. '마을문고함은 마을회관에 두는 것을 원칙으로 하며, 마을회관이 없는 경우는 차례로 회원의 집에 옮기어 마을 사람들과 문고가 가깝게 하도록 하며, 문고의 책은 누구나 무료로 대출시킨다.'[32] 이러한 관리 운영방침은 어느 한 개인이 독점하는 것을 방지하고 공공의 시설이라는 원칙을 세웠다는 데 중요한 의

---

32) 엄대섭, 앞의 글, 7-8쪽.

미를 지닌다.

그 무렵 공공도서관은 입관료를 받고 있었지만, 마을문고는 지역주민 누구나 무료로 자유롭게 이용하도록 했다. 이 밖에 문고를 운영하는 독서회는 도서관 직원 역할을 하며, 달마다 일정 금액의 회비를 모으거나 공동경작, 곡식을 함께 모으는 등으로 자체 자금을 마련하여 자기들이 희망하는 책을 스스로 마련하여 문고를 발전시키도록 했다.

마을문고 운영을 담당한 독서회 월례회의

마을문고를 관리하는 독서회의 중요성에 대해 엄대섭은 '마을문고가 아무리 후진사회에 알맞은 합리적인 독서 시설이라 하더라도 근본적인 열쇠는 독서회란 기본조직의 활동 여하에 달려 있다.'[33]라고 했다. 마을문고마다 처음 독서회를 시작한 나이는 20대 전후가 대부분이었으나, 시간이 지남에 따라 30대로 넓혀졌다. 이것은 독서회원들의 성장과 함께 회원들의 범위가 확대되었다는 것을 말해 준다.

마을문고를 중심으로 한 독서회는 그 무렵 농·어촌 사회에 무수히 생겼다가 없어진 조직과 달리, 상대적으로 오랫동안 존속할 수 있었다. 그 이유는 '첫째, 문고함과 책이란 흥미 있는 시설을 중심으로 조직이 존재하기 때문이고, 둘째, 관에 의한 계획적인 조직이 아니라 주민의 자율적인 의사와 요구에 따라 조직하고 운영하는 것을 원

---

33) 앞의 글, 8쪽.

칙'[34]으로 했기 때문이다.

이렇게 마을마다 설치된 독서회들이 모여 읍·면·시·군 단위별로 '마을문고 협의회'를 구성하도록 했다. 협의회 구성의 중요성에 대해 엄대섭은 다음과 같이 이야기하고 있다.

독서회 조직의 근본 의의는 소수의 힘을 합쳐 보다 큰 힘을 내자는 데 있으며 이 역시 완전히 자율적인 조직을 원칙으로 한다.

협의회에서 제일 중요한 일은 도서의 상호 교환 열람이다. 12개 독서회가 소속되어 1개월씩 책을 교환한다고 하면 1년은 항상 자기 문고 도서 이외의 새로운 책을 보는 셈이다. 그 밖에도 체험의 교환, 타 문고의 견학 발표회 등을 통한 효과적인 운영방법을 모색하며 뒤떨어진 독서회를 돕고 있다.[35]

또한, 마을문고 운동 초기에는 문고 수를 늘리는 데 주력했지만 어느 정도 설치가 된 뒤엔 자율성을 키우고 책을 좀 더 많이 읽고 배운 것을 실제 생활에 응용할 수 있도록 관리했다. 이 문고의 육성개념에 대해서 그 무렵 마을마다 최신 시설로 설치된 '물

기본 도서를 마중물로 표현한 만화

---

34) 앞의 글, 8쪽.
35) 앞의 글, 8쪽.

펌프'의 개념을 응용하여 다음과 같이 소개하고 있다.

"갈증에 시달리는 많은 사람에게는 그 옆의 '펌프'에 물 한 바가지를 떠 넣어주고 그 사람들 스스로 '펌프'질을 해 물을 퍼 올리도록"하는 방법을 취하는 것이다. 이러한 원칙 밑에 설립된 문고는 지방공공도서관, 행정기관, 교육기관, 농어촌 지도 요원의 측면적인 지도를 받으며 마을문고 본부는 모든 문고에 월간 기관지를 무료 배포하는 한편 순회지도, 개별 통신지도, 마을문고 총서 간행, 기증 도서의 엄선 수집 배부, 우량도서의 선정사업 등 각종 방법으로 지도육성에 노력하고 있다.[36]

이렇게 마을에 설치된 마을문고는 물 펌프에서 물을 퍼 올릴 때 필요한 '마중물' 개념이었다. 물 펌프의 마중물처럼 조그만 도움을 바탕으로 해서 스스로 문고의 장서를 확충하여 이웃 마을로 마을문고를 확산시키고, 프로그램을 운영해서 궁극적으로 문고가 공공도서관으로 발전하거나, 아니면 공공도서관의 분관이 될 수 있도록 방향을 설정했다.

마을문고 운동이 언론의 지원을 받아 활발하게 전개되니 이를 지켜보던 문교부에서도 1963년부터 해마다 40만 원의 도서 구입비를 지원했다. 그다음부터 문교부의 지원금은 계속 늘어 1967년에는

---

36) 앞의 글, 8쪽.

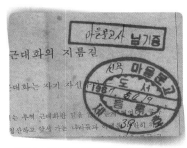

마을문고 장서인이 찍혀있는 마을문고 도서　　　마을문고진흥회가 매월 발행한 《마을문고》

570만 원으로 4년 만에 약 15배나 늘었다. 무엇보다 1964년 무렵 문교부 차관이던 윤태림은 '담배 한 갑 절약해서 공무원도 마을문고 운동에 참여하자'라는 운동을 전개하기도 했다.

엄대섭은 이에 만족하지 않고 36,000여 개 전국 자연부락 전부에 마을문고를 설치하려는 목표를 세우고 계속해 나갔다. 그러나 언론사의 홍보와 독지가의 후원으로만 전국의 자연부락에 마을문고를 설치하는 것이 한계에 이르자 나머지는 지방자치단체의 예산을 투입해서 마을문고를 설치할 생각을 했다.

그때부터 다시, 문고는 문교부 소관이라며 도무지 관심을 보이지 않는 내무부를 끈질기게 드나들며 설득한 덕분에 마을문고는 1966년부터 내무부의 기반 행정으로 채택되어 시·군의 예산으로 문고를 설치할 수 있는 길이 트였다. 1962년 여름, 언론기관의 도움으로 활로를 찾았던 이래 두 번째 전환기를 맞이한 것이다.

이런 결실을 보게 되기까지는 김재호 전남 강진군수의 활동이 크게 작용했다. 강진군은 1965년 1월 군립도서관과 문화원 개관식을 계기로, 군수 자신의 봉급으로 문고를 몇 개 설치하고, 지방 유지들을 설득하여 참여하게 했다. 나머지는 군비로 충당하는 열성을 보인 끝에 2년 만에 군 내 289개 모든 자연부락에 마을문고를 설치하는 성과를 거두었다.

한편 이런 외형적인 성과와 함께 마을문고는 자라났지만, 마을문고 본부는 1967년에 접어들어 심각한 재정난에 부딪혔다. 심지어는 정부 보조금은 사업비로만 쓸 수 있고 운영비로는 쓸 수가 없었기 때문에 정부 보조금이 늘어날수록 운영비 적자 폭이 감당할 수 없게 되는 모순에 맞닥뜨리기도 했다. 그래서 사업비 중심의 보조금 증액을 거부한 일도 있었다.

마을문고가 늘어남에 따라 사무실 규모도 점점 커지고, 마을문고 본부에서 해야 하는 일도 많아졌지만, 늘어가는 운영비를 마련할 방법이 없었다. 그동안 운영비는 엄대섭 개인이 마련해 왔지만, 한계에 다다랐다. 부산의 상가까지 처분하는 것도 모자라 부산에서 병원을 경영하고 있던 동생들이 마을문고 순회지도용으로 사주었던 지프차까지 팔아서 운영비로 쓰기에 이르렀다. 이렇게 되자 아내는 마을문고에 대해 '마을에서는 흥할문고지만 가정에서는 망할문고'라는 말까지 할 정도였다. 결국, 그의 아내는 극도의 신경쇠약으로 정신병원에 입원하기까지 했고, 이때 아내의 신경을 자극하지 않기 위해 집에서 책꽂이로 쓰고 있던 마을문고함까지 치울 수밖에 없었다.

그는 이런 어려움 속에서도 재정을 안정시키기 위해 대기업의 지원을 받으려고 꾸준히 기업체를 찾아다녔지만 실패했고, 마지막으로 청와대 수석비서관으로 있던 김학렬을 찾아가 도움을 청했다. 김학렬은 경제기획원 차관 시절 마을문고 운동본부 사무실을 방문하고는 문교부의 지원금을 크게 늘이는 데 도움을 준 이라 마을문고에 대해 호의적이었다. 김

마을문고를 방문한 김학렬 차관에게
설명하는 엄대섭

학렬은 대통령 비서실장이던 이후락을 찾아가 도움을 받으면 가능할 것이라고 알려줬다. 그때부터 그는 이후락을 바로 만날 수 없었기에 이후락과 같은 고향 출신이면서 친분이 깊었던 고태진 당시 상업은행 지점장을 찾아갔다. 거의 날마다 은행에 출근하다시피 했다. 이러기를 6개월쯤 했을까! 고태진은 그사이 조흥은행 이사로 옮겼는데 그곳으로도 계속 찾아갔다. 그의 끈질긴 노력에 굴복한 고태진 소개로 기어이 이후락을 만날 수 있었다. 이후락은 처음엔 후원금만 내면 될 줄 알고 얼마가 필요하냐고 물었지만, 그때 엄대섭은 직접 회장을 맡아달라고 했다. 회장이 되어야 지속적인 관심을 가지고 지원을 할 수 있을 것으로 생각했기 때문이다. 이런 끈질긴 설득 끝에 이후락을 문고 회장으로 추대하고 안정적인 재정을 마련해 위기를 넘겼다.

한편 농·어촌에 마을문고가 설립되고 독서회가 활동하면서 마을에서는 생각지도 못한 문제점이 나타났다.

마을문고진흥회사무실 앞에서

책에 굶주린 청소년들이 다투어 책을 읽고 독서회를 조직한다. 책을 숭상할 줄 아는 우리 민족인지라 책 읽고 착한 사람이 되기를 바라는 마음에서 처음에는 노인들도 문고를 환영한다.

그런데 집집마다 등잔 기름이 표가 나게 줄어든다. 밤을 새워 읽고 나무하러 가는 데도 책을 가져간다. 독서회를 한답시고 남녀가 한자리에 모인다. 책을 산다고 회비를 뜯어낸다. 곡식을 거둔다. 농사 책을 읽고는 재래식의 농사법에 간섭한다.

축산에 관한 책을 읽고는 닭, 돼지 치는 일에도 간섭을 하고 곡식이나 채소 종자 그리고 농약에까지 참견하고, 생활개선 독본을 읽고는 변소 개량이나 부엌 개량, 식생활 개량이니 하고 당장 되지도 않는 계획들을 말한다. 지금까지는 관청 지도원이나 귀찮게 굴던 것인데 젊은것들이 섣불리 책을 읽고는 아무 앞에서나 어른들 하는 일에 간섭을 하려 드니 완고하고 무식한 노인들은 어설픈 지식으로 젊은이들이 빗나가지나 않나 하는 마음에서 문고를 달갑게 여기지 않게 된다.[37)

---

37) 엄대섭, 「농어촌에 심는 독서의 씨앗: 마을문고 설치 일만 개를 돌파하고」, 《신동아》,(1968.7), 255-256쪽.

마을문고는 마을환경 개선운동에도 앞장섰다.　　마을문고 3만 개 설치기념식

　　이런 문제점을 해결하기 위해 마을문고 본부에서는 첫째, 경로 운동으로 노인들을 이해시켜라. 둘째, 책 읽는 사람은 안 읽는 사람보다 일을 잘한다는 칭찬이 나오도록 하라. 셋째, 집안과 마을의 분위기 명랑화에 앞장서라.[38] 이런 세 가지 해결책을 제시하였다.

　　지역 마을문고들도 문제점을 해결하기 위해 때마다 경로잔치를 하기도 하고, 노래자랑, 연극 등으로 어른들의 인식을 바꾸도록 노력했다. 이런 마을문고 활동은 그 무렵 농·어촌 사회 생활개선 운동에 깊이 뿌리내렸다. 그 대표적인 사례를 들면 마을문고 운동을 소재로 1967년 '고향'이란 제목으로 영화[39]가 제작되어 상영되기도 했다. 뒤에도 꾸준히 성장을 거듭해서 1974년 말에는 당시 전체 농어촌 자연부락의 95%에 해당하는 35,011개 문고[40]가 설치되는 성과를 낳았다.

---

38) 앞의 글, 256쪽.
39) 마을문고진흥회, 「극영화 '고향(故鄕)' 전국 상영 – 애절한 사랑과 마을문고에 얽힌 이야기」, 《월간 마을문고》, (1968.6.), 26–27쪽.
40) 새마을문고중앙회, 앞의 책, 73쪽.

마을문고의 발상지
"경주 탑리"를 찾아서[41]

지난 몇 년 동안 도서관운동가이자 사상가인 '엄대섭'에 대한 연구를 해 오면서 사실에 대한 고증작업도 같이 해 오고 있다. '엄대섭'이 그리 오래전 인물이 아니고 많은 신문이나 잡지에 인터뷰했었기 때문

새마을문고운동 40년사

에 중요한 사실에 대한 기록이나 증언은 비교적 정확하게 나와 있다. 하지만 이런 자료를 자세히 살펴보면, 오히려 여러 자료에서 말이 조금씩 다르게 나오기 때문에 사실관계 확인에 대한 어려움도 많았다.

대표적인 것이 그가 본격적으로 도서관 운동에 뛰어들게 된 계기가 된 책이 무

---

41) 한국도서관협회, 「도서관인의 명암 – 마을문고의 발상지 "경주 탑리"를 찾아서」, 《도서관문화》, 2013.3월호에 실린 글입니다.

엇이냐는 것이다. 먼저 엄대섭의 마을문고 운동을 총정리한 『새마을 문고운동 40년사』에는 『도서관의 운영과 실제』를 보고 도서관 운동에 뛰어들게 되었다고 나오지만, 그가 직접 인터뷰한 내용[42]에 따르면 『소도서관 입문』과 『중소도서관경영법』으로 나오고, 또 다른 자료[43]에는 『도서관의 실제적 경영』으로 나온다. 어떤 책이 맞는지 알 수가 없었다. 이에 대해 엄대섭 자신은 '그런 책을 봤다는 것이 중요한 것이지 정확하게 어떤 책인지는 중요하지 않다.'라고 생각할 수 있다.

또 한편으로 그가 직접 증언했던 시기와 사실에 대한 오류도 있었다. 지금까지 그는 초등학교 6학년 1학기를 마치고 중퇴했다고 말했다. 그러면서도 그때 나이는 13살이라고 했다. 이에 대해 그가 9살에 학교에 들어간 사실을 볼 때 6학년이라고 하면 14살이 되어 나이와 학년이 맞지 않는 오류가 있었다. 이런 여러 가지 사실에 대해 바로 잡을 필요가 있었다.

이런 문제를 최근 나온 이용남 교수님의 책[44]을 통해 상당 부분 바로 잡을 수 있었다. 이용남 교수님은 오랫동안 엄대섭과 함께 활동했으며, 살아 있을 때부터 책 출간을 위한 고증작업을 해왔기 때문이다. 이 책을 통해 그동안 논란이 되었던 몇 가지 사실을 다음과 같이 정리할 수 있었다. 먼저 엄대섭이 도서관 운동에 뛰어들게 된 직접적인 계기가 된 책은 『도서관의 실제적 경영』[45]이며, 그가 초등학교 5학

---

42) 「조선 인터뷰 – 도서관문화상 제정 엄대섭 씨」, 《조선일보》, 1986.10.26.
43) 박경용, 『막사이사이상 수상자들의 외길 한평생 – 엄대섭 편』, 장학사, 234쪽.
44) 이용남, 『이런 사람 있었네』, 한국도서관협회, 2013.
45) 위의 책, 49쪽.

년 2학기 때 학교를 그만두었다.[46] 하지만 자료에 나오지 않거나 두루 뭉술하게 정리된 것에 대해서는 좀 더 세밀한 조사를 통해 사실 확인을 할 필요가 있었다.

이런 조사를 통해 밝혀낸 것으로는 두 가지가 있다. 먼저 엄대섭의 정확한 생년월일이 양력으로 1921년 2월 28일[47]이라는 것을 엄대섭 기금위원회 설립행사 육성녹음 테이프(1982년 2월)를 통해 알아냈다. 둘째, 그가 처음 울산에서 시작한 울산도서관의 위치를 '울산의 시외버스터미널 근처'[48]라는 기록을 바탕으로 울산지역에서 오랫동안 살아온 이들에게 수소문한 결과 지금의 울산 중부도서관 근처라는 것도 알아냈다. 하지만 그가 고안한 마을문고가 시범 설치되었던 '경주 변두리 농촌 탑리(탑마을)'의 정확한 위치에 대해서는 알아내지 못했다.

경주는 오랫동안 신라의 수도였던 곳이라 많은 유물과 유적이 있는 곳이다. 특히 폐사지에 석탑만 둥그러니 남아 있는 마을은 '탑마을'로 불렸다. 따라서 '탑리' 또는 '탑마을'이란 지명을 쓰는 곳이 경주에만 세 곳이 있다. 첫 번째는 오릉 근처 탑마을(현, 탑동)이고, 두 번째는 마동 탑마을(코오롱 호텔 뒤편), 세 번째는 조양동 탑리(경주 광고박물관 맞은편 탑리)이다. 이 세 곳 가운데 첫 번째 지역인 오릉이 있

---

46) 앞의 책, 36쪽.
47) 대부분 엄대섭의 생년월일을 1921년 1월 21일로 알고 있는데 이것은 음력 생일이다.
48) 박경용, 앞의 책, 236쪽.

는 '탑마을'은 경주 시내와 너무 가까웠다. 그래서 '경주 변두리 농촌'이란 말과 맞지 않는다고 생각했다. 그리고 세 번째 지역은 '경주 변두리 농촌'이란 말에 주목하여 자료 검색을 한 결과 나온 것이다. 결국, 가장 유력한 곳은 마동 탑마을이었다. 이곳을 생각하게 된 것은 경주 시내와 멀리 떨어진 변두리 지역이고, 몇몇 경주 출신 인사들도 마동 탑마을이 최초 설치지역일 가능성이 크다고 했기 때문이다.

이것을 바탕으로 본격적으로 탑마을을 찾아보려고 마음을 먹고 있었다. 마침 글쓴이가 일하는 울산 북구 기적의 도서관이 경주와 가까운 곳이다. 따라서 조양동 탑마을이나 마동 탑마을까지는 승용차로 15~20분 안팎의 가까운 거리다. 그리고 오릉 탑마을도 30분 정도밖에 안 되는 거리에 있다.

이때 새로운 단서가 나왔다. 바로 이용남 교수님의 책에 인용된 첫 마을문고 설치지역에 관한 신문기사[49]였다. '오릉 주변을 매일 청소하였고'라는 내용을 봤을 때는 지금의 탑동이었다. 하지만 자세히 신문기사를 보면 '지난해 3월 17일—설립자가 넣어 보내준'이란 내용이 나오는데 기사가 1962년 1월에 쓴 것이라 이에 따르면 이 마을엔 1961년 3월에 마을문고가 설치된 것으로 판단할 수 있었다. 1960년 늦가을에 엄대섭이 마을문고의 가능성에 대해 확인을 하고 1961년 2월에 본격적으로 마을문고를 보급한 사실과 비교하면 이 지역에 마을문고가 설치된 것은 상당히 초기라는 것을 알 수 있으나 본격적

---

49) 한국일보, 「아기도서관의 탄생」, 1962.1.3 자.; 이용남, 위의 책, 63-64쪽 재인용.

인 마을문고 운동이 시작된 뒤에 설치된 것으로 볼 수도 있다.

이에 대해 다시 한 번 최초 마을문고 설치지역에 대한 위치를 확인하기 위해 이용남 교수님과 e-mail 인터뷰를 하였다. 이에 대해 이용남 교수님은 "탑마을의 위치는 나는 전혀 모르는 실정입니다. 문고 입사 5~6년 전 일이고, 기관지도 창간되기 이전이고, 그 당시는 경주시의 첫 문고 소재 마을에 무슨 의미를 두지는 않았으니까요. 그래서 일간신문 기사에 의존할 수밖에 없습니다."[50]라고 하였다.

필자는 다시 한 번 고민에 빠졌다. 그런데 한번은 경주 보문단지에서 울산까지 택시를 타고 올 일이 생겼다. 보문단지에서 울산까지 택시를 타고 오면서 두 번째 유력지역인 '마동 탑마을'을 지나왔다. 이때가 기회다 싶어 택시기사에게 '마동 탑마을'의 마을문고에 관해서 물었다. 다행히 택시기사는 나이가 지긋한 분이었다. 이분은 마동 탑마을은 아니고, 오릉 탑마을일 가능성이 크다고 했다. 그리고 세 번째 지역인 조양동 탑마을은 전혀 가능성이 없다.[51]고 했다.

이때 머릿속에서 생각나는 사람이 있었다. 지난해 울주군에서 엄대섭 기념행사인 '엄대섭, 울산에 바친 혼' 행사를 할 때 모시려고 했던 '김종준' 선생이었다. 김종준 선생은 '마을문고'라는 이름을 처음 지으신 분으로 엄대섭의 뒤를 이어 경주도서관장과 마을문고 사무

---

50) 이용남, e-mail 인터뷰, (2013.2.27).
51) 마을문고에 대한 자료를 찾아보면 조양동에도 60년대에 마을문고가 있었으며, 특히 이웃한 남산동 안마을에는 엄대섭이 직접 독서회원들을 대상으로 마을문고 교육을 한 사진이 있다.

국장까지 맡다가 70년대 초 경주로 돌아가서 가업인 '공예'일을 하셨던 분이다. 이분만 찾으면 된다는 생각까지 하게 되었다.

혹시나 하는 마음에 경주 출신으로 학위논문 심사를 맡아 주시고, 엄대섭과도 깊은 인연이 있으신 김정근(부산대 명예교수) 교수님께 여쭈어보았다. 교수님은 경주에서 나고 자라서 살고 계시는 석우일[52] 선생을 소개해 주셨다. 지난 3월 8일 어렵게 석우일 선생님과 전화 통화를 할 수 있었다. 석우일 선생님은 젊은 시절 엄대섭 선생을 도와 천군리 '아동 마을문고' 설치 작업을 하셨고, 김종준 선생과는 꽤 친분이 있다고 했다. 먼저 김종준 선생의 안부에 관해 물었다. 아쉽게도 5년 전에 돌아가셨다고 했다. 순간적으로 커다란 끈이 하나 떨어지는 느낌이었다. 그러면서 본래 목적인 최초 마을문고 설치지역인 탑리가 어디냐고 물었더니 오릉 앞 탑리라고 했다. 마을에 가서 이장이나 경로당을 찾아가면 알 수 있다고 했다.

2013년 3월 11일 무작정 탑리마을 찾아가 보기로 했다. 탑리마을은 경부고속도로 경주 요금소와 얼마 떨어지지 않은 곳에 있다. 경주 시내와 그렇게 멀리 떨어진 곳은 아니지만 마을에 있던 '오릉초등학교'는 지난 2010년 폐교가 되었을 정도로 전형적인 농촌 마을이었다. 50여 년 전이라면 경주시의 크기도 지금보다 훨씬 작았을 테고, 특히 경부고속도로가 나기 전이라면 엄대섭 선생이 말하는 '경주 변

---

52) 신라역사과학관 관장.

박한석 탑리마을 이장

두리'라는 말이 그렇게 틀린 말이 아니라는 생각이 들었다.

마을에 들어섰지만 무작정 찾아갈 수 없었다. 지나가는 동네 사람들에게 물어보았다. 서너 분에게 물어보았지만 '마을문고'를 모른다고 했다. 마침 논두렁을 태우던 아주머니를 만났다. 아주머니는 혼인해서 마을에 오니 마을문고가 있었다고 했다. 그러면서 마을에서 오랫동안 이장을 했던 박한석 님 댁을 알려 주셨다.

박한석(84세) 님은 60년대 중반부터 20년 넘게 마을 이장과 새마을 지도자 생활을 하셨다고 한다. 마을문고에 관한 이야기를 꺼내자 엄대섭 선생을 기억하고 계셨다. 그리고 마을에 생긴 마을문고가 전국에서 최초로 설치되었다는 것도 알고 계셨다. 하지만 노환으로 인해 좀 더 자세한 내용은 들을 수가 없었다. 그러면서 당시 4H 청년회 회장으로 있던 권만택 님을 소개받았다.

3월 18일, 권만택(76세) 님을 찾아뵙고 마을문고에 관한 이야기를 들을 수 있었다. 권만택은 마을문고가 설립될 당시 탑리마을 4H 회장으로 있었고 이후 농촌지도자로 20년 가까이 활동했다고 한다. 권만택은 전화를 받고 관련 자료를 찾아보았다고 했다. 그런데 아쉽게 몇 해 전 집을 이사하고 새로 지으면서 '이 자료가 어디에 쓰이겠나!' 생각하며 버렸다고 한다. 먼저 이용남이 쓴 《이런 사람 있었네》에 나오는 신문기사를 보여주면서 마을문고 설치 시기에 대한 사실 확인[53]을 부탁했다. 그는 신문 기사가 잘못되었으며 정확하게는 1960년 봄에 설치되었다고 한다. 또한, 마을문고가 설치되고 엄대섭이 서너 번 마을을 방문하여 "이곳 마을문고는 1호

권만택 탑리마을문고 회장

이니 특별히 잘 가꾸어 주길 바란다."라는 부탁을 했다고 한다.

우리가 탑리에 설치된 마을문고에 대해 알고 있는 것은 단순히 '엄대섭이 고안한 마을문고를 경주 변두리 탑리에 시범 설치하여 운영해 봤더니 이전의 농촌문고와는 달리 많은 주민이 책을 읽고, 책의 양도 주민들 스스로 늘려나가는 성과가 있어서 본격적으로 보급했다.'라는 정도이다. 하지만 무엇보다 어떻게 탑리마을에 엄대섭이 고안한 마을문고가 설치되었는지 궁금했다. 이에 대해 권만택은 다음과 같이 이야기했다.

"당시 나는 4H 회장을 하고 있었다. 1960년 초, 어느 날 엄대섭 선생이 경주의 농촌 지역 4H 회장들을 불러 모았다. 당시 경주 주변 농촌 지역 4H 회는 100여 군데 이상 조직되어 있었다. 그때 우리 마을은 마을도 크고 4H 운동도 꽤 잘되는 편에 속해 있었다. 그런데 그날

---

53) 한국일보, 「아기도서관의 탄생」, 1962.1.3. 자.; 이용남, 《이런 사람 있었네》, 한국도서관협회, 2013, 63쪽 재인용에 따르면 "지난해 3월 17일-설립자가 넣어 보내준 책"이라는 기사가 나온다. 이 기사에 따라 '1962년의 지난해'라고 하면 1961년이 되는데 그때는 엄대섭이 이미 마을문고진흥회를 발족시킨 이후였다.

따라 모인 사람들은 열다섯 명 안팎이었다. 이 자리에서 엄대섭 선생이 마을문고에 대한 개념과 원리에 관해 설명을 했다. 이렇게 문고 설치와 운영에 대한 교육을 2~3주 했던 것 같다. 그리고는 마을로 문고함과 책을 보내줄 테니 잘 활용해 보라고 했다. 이때부터 20여 일쯤 뒤 문고함이 마을에 도착했다. 문고함이 배달되어 왔는지 경주도서관에 가서 가져왔는지 잘 기억이 나진 않는다. 이렇게 온 문고함은 처음엔 우리 집 아래채에 있었다. 당시엔 마을회관이 없었다. 한 2~3년쯤 우리 집에 있었던 것 같다. 나중에 마을회관이 생기면서 마을회관으로 옮겼다. 그때는 책이 참 많았다. 문고함에만 책을 다 못 꽂아서 선반에도 책을 놔두었다. 우리 마을문고는 엄대섭 선생이 1호라고 하면서 특별히 소중히 가꾸라고 여러 차례 말했다. 마을문고는 80년대 중반쯤 없어졌는데, 책은 동네 사람들이 나눠 가졌고, 문고함은 엄대섭 선생의 말이 생각나서 경주도서관에 갖다 줬던 것 같다.[54]

이런 증언을 바탕으로 당시 상황을 유추해 볼 수 있다. 1960년 2월쯤 엄대섭은 농촌문고의 실패를 경험으로 문고함을 고안하고 보급을 위해 경주지역 4H 청년회 소속 농촌 청년들을 불러 모았다. 당시 청년들 조직인 4H 회는 대부분 농촌 마을에 조직되어 있었기 때문이다. 그렇지만 생각보다 많은 이들이 모이지 않았다. 열대여섯 명 경주지역 청년 대표자를 모아 놓고 마을문고의 취지와 운영방법에

---

54) 권만택(당시 탑리마을문고 회장)과 대면 인터뷰, 2013.3.18. 15:00~16:00, 경주시 노서동 사무실.

대한 교육을 2~3주가량 했다. 그리고 가장 열성적으로 참여한 탑리마을에 마을문고함과 책 30여 권을 기증했다. 탑리마을은 당시 140여 호 되는 꽤 큰 마을이었다. 마을에 문고함과 책이 오자 청년회원들을 중심

마을문고가 전국 최초로 설치된 경주시 탑리마을 가옥

으로 독서회를 꾸려서 관리하고 책을 늘려나갔다.

　엄대섭은 탑리마을의 활동을 6~7개월쯤 지켜보면서 마을문고에 대해 확신하고 본격적으로 마을문고 운동을 전개하게 되었다고 할 수 있다. 처음에는 권만택의 집에 문고가 설치되어 '방구석 도서관'이라 불리기도 했으며, 이후 마을에 마을회관이 설치되면서 마을회관으로 옮겨져 80년대 중반까지 운영되었다는 것을 알 수 있었다. 한편 권만택이 반납한 마을문고함의 소재를 경주도서관에 문의를 해보았으나 알 수 없다고 한다.

　또 하나 궁금한 것은 최초 마을문고가 설치된 정확한 위치였다. 이에 대해 권만택은 옛 주소를 가르쳐 주었다. 그러면서 지금은 그 집에 살지 않고 이웃한 다른 집에 살고 있다고 했다. 권만택이 예전에 살았다던 경주시 탑동 524번지를 찾아갔다. 마을은 경주에서 경부고속도로 진입로 오른쪽, 유적지 오릉을 마주 보고 있는 마을이다. 이 오릉과 마을을 가로지르며 울산 언양과 경주 간 지방도로가 지나고 있다. 구릉이 없이 낮은 들판에 들어서 있지만, 마을은 꽤 커

보였다. 경부고속도로 진입로를 따라 여러 집이 있었다. 먼저 우편함에 있는 옛 주소를 유심히 살폈다. 쉽게 찾을 수가 없었다. 심지어 옛 주소가 지워져 알 수 없는 집도 있었다. 마을에 서성거리는 할머니들께 물었지만 524번지를 찾을 수가 없었다.

집 주소를 유심히 살피던 끝에 조그만 골목이 나왔다. 골목으로 들어가자 비슷하게 번지수가 맞혀지고 있었다. 골목은 T자 형태로 나 있었는데 골목 오른쪽 끝에 있는 집 524번지를 찾았다. 현재 주소는 '경주시 탑리4길 13-4'라는 것도 확인할 수 있었다. 위치를 확인하고 나오니 조금 전 할머니들이 궁금해하며 나오셨다. "무엇 때문에 찾느냐?"고 물으시기에 "옛날 마을문고가 있었던 집을 찾는다고 했다." 그랬더니 "안쪽 집이 맞다."라고 했다. 최초 마을문고 설치지역에 관해 확인을 하는 순간이었다.

이번 답사를 통해 엄대섭이 고안한 마을문고가 어떤 경로로 보급되었는지를 알 수 있었다. 또한, 최초 마을문고가 설치된 정확한 위치도 확인할 수 있었다. 그러나 당시 활동에 대해 좀 더 구체적인 자료나 세부적인 활동을 알 수 없었다는 것은 아쉬움으로 남는다. 하지만 공공도서관이 제대로 없었고, 있다고 하더라도 제 기능을 못할 때, 20년간 우리나라 상황에 맞는 한국적 도서관이라 할 수 있는 '마을문고'를 고안하고 방방곡곡에 보급하여 삶의 질을 끌어올린 엄대섭의 활동에서 시발점이 되었던 마을문고의 첫 설치지역을 찾은 것은 한국도서관사에서 작지만, 의미가 있는 것이라고 생각한다.

6. 마을문고의 성과를 발판 삼아 도시형으로
– 국민독서연맹의 설립과 활동

　엄대섭은 마을문고 설립이 활성화되고 자리를 잡아가자 농·어촌 지역만으로 한정된 것이 아닌 도시, 농촌, 직장, 학교, 군부대를 포함하는 독서운동단체를 설립할 계획을 세우고, 국민독서연맹을 1965년 10월 26일 마을문고진흥회의 부대사업으로 창립했다.

　마을문고가 농·어촌 지역 마을을 중심으로 한 운동이지만 국민독서연맹은 도시민을 위한 독서운동 조직체였다. 창립목적을 살펴보면, '도시의 중소기업체, 기관 단체 등에 직장문고를 보급하여 독서를 권장함으로써 직장에 능률을 올리고, 가정생활을 명랑, 특히 청소년의 정서를 순화시키려는 운동'[55]이라 하고 있다.

　그러나 국민독서연맹은 창립만 하고 제대로 활동을 하지 못하고 있다가 자리를 잡아가는 마을문고 운동의 성과에 탄력을 받아 1969년 사단 법인체로 바꾸고 다음과 같이 여섯 개 중점사업계획을 세웠다.

---

55) 「직장문고 설치 등 권장 국민독서연맹 창립」, 《경향신문》, 1965.10.27.

첫째, 언론계와 식자층의 협조를 얻어 직장문고 설치 및 보급과 일반 사회에 독서하는 기풍을 조성하는 계몽운동을 전개한다. 직장문고의 대상 업주들이 종업원들이 종업원의 '독서 생활을 직장능률 저하'로 그릇 단정하고 있는 잘못된 인식에서부터 '독서 생활이 직장능률을 향상'함을 계몽한다.

둘째, 국민독서연맹의 지방연맹 '시도위원회'를 조직하여 지방 실정에 알맞은 독자적인 독서운동을 전개한다.

셋째, 앞으로 '독서주간' 행사를 주관한다.

넷째, 중앙과 지방에서 독서운동 유공자를 표창하는 등 독서 보급과 양서 출판을 권장한다.

다섯째, 대중의 독서 개발로 출판 시장을 확장하여 우량 염가본(문고본 포함)의 출판을 촉진한다.

여섯째, 마을문고 사업을 지원한다.[56]

국민독서연맹의 이런 사업은 재건국민운동본부 아래 조직이었던 '재건문고운동'[57]과 많이 닮아있지만, 서로 연관성을 가지고 협력관계에 있는 사업이 아니고 '독립적으로 움직인 사업'[58]이었다.

---

56) 엄대섭, 「마을·직장문고와 교사의 역할」, 《햇불》 2권 2호(1970.2), 37쪽.
57) 각종 폐지와 폐품을 전국적으로 수집하여 재생·판매하여 거기서 얻은 수익금으로 농어촌과 일선 고지에 국민 문고를 설치하는 사업을 목적으로 하였다.……1962년 5월에 업무를 개시한 이래 농어촌에 설치한 문고가 223개소, 일선 고지 문고가 10개소, 농어촌과 벽지에 있는 초등학교 내에 지원 설치한 어깨동무 문고가 200개에 달하였다(채우공, 「재건국민운동의 사회교육활동에 대한 재조명」, 석사학위논문(중앙대학교 대학원), 2004, 104쪽 참조).
58) 이용남과 대면 인터뷰, 2011.9.2. 11:00~16:00, 자택.

1) 순회문고를 통한 집단 대출

순회문고는 공공도서관이 절대적으로 모자랐던 20세기 초 미국, 일본에서도 인구 밀도가 낮고 지역이 넓은 곳에서 공공도서관을 보완하여 지역주민들에게 효율적으로 봉사하기 위해 자연스럽게 나타났다.

우리나라도 예외는 아닌데, 이재욱과 박희영이 해방 뒤 경기도 교육청의 협조를 받아 경기도에서 실시했고, 엄대섭도 초기 울산 무료도서관 시절부터 농촌마을을 다니며 순회문고를 운영했으며, 묘산도서관, 경주도서관과 경산도서관, 강진도서관도 순회문고를 운영했다. 이 밖에 전국 각지의 마을문고가 활성화된 곳에서는 마을문고가 설치되지 않았거나 장서가 부족한 마을로 순회문고를 운영했다.

엄대섭은 마을문고 운동을 하면서 끊임없이 공공도서관의 활성화를 통한 우리나라 국민 독서 습관 형성에 관심을 기울였다. 그가 발표한 수많은 자료에서 마을문고는 공공도서관이 제대로 정착되지 못한 특수한 상황에서 나타난 가장 현실적인 운동이라고 말하면서, 공공도서관이 제자리를 잡게 되면 마을문고는 순회문고 시스템을 통해 공공도서관의 분관이나 기탁소, 배본소 역할을 할 것이라고 말했다.

엄대섭은 마을문고 운동이 어느 정도 자리 잡히자 공공도서관의 적극적인 관외 봉사활동 방법으로 순회문고 필요성을 주장했는데, 순회문고의 의의에 대해 다음과 같이 세 가지로 정리하고 있다.

첫 번째는 말할 필요도 없이 자료의 보관 위주에서 활용 위주로 그 봉사 기능을 능동화함에 있다. 이는 자연히 지역사회 주민과 도서관과의 격리된 감정과 거리를 해소시키는 촉매작용을 하게 된다.

두 번째는 인구와 지역에 비해 공공도서관 수가 너무 적은 우리나라 형편으로는 도서관이 없는 지역을 위해, 그 기능의 일부를 보충해 준다는 점에서 찾을 수 있는 바 매우 절실한 요청이다. 읍내에 소재한 군립도서관이 도서관이 없는 면 단위 주민에게, 또는 도시 소재 도서관이 주위의 도서관이 없는 농촌 지역주민들에게 봉사하는 길은 자동차문고 등을 비롯한 순회문고 활동이 가장 현실적인 방법이기 때문이다.

세 번째는 현재 전국 2만여 행정 이동에 설치되어 있는 마을문고가 그 질적인 면에서 매우 빈약하여 관내 공공도서관의 육성 지원이 절실한바, 그 효율적인 방법이 바로 공공도서관의 순회문고 활동이 될 수 있다는 점이다. 마을문고는 농어촌 행정 이동 단위에 일정 규격의 책장과 기본도서가 설치되고 청장년층들로 독서회를 조직하여 이를 관리 운영하는 자율적인 독서운동인바, 공공도서관에서는 부락 단위 마을문고 시설과 독서회란 조직을 봉사 거점으로 삼아 순회문고의 효용성을 높일 수 있다.[59]

윗글에서 보는 것처럼 그때는 순회문고와 이동도서관이 같은 뜻으로 쓰였다. 이동도서관을 처음 시작한 미국의 공공도서관도 '개인에

---

59) 엄대섭, 「마을문고와 순회문고의 봉사활동」, 《남산도서관보》 3호(1973.7), 52쪽.

대한 대출보다는 병원, 학교, 공장, 양로원 등 협력 기관 집단대출'[60]에 많은 비중을 두었다. 뒤에 대한도서관연구회에서는 순회문고를 중심으로 한 집단대출과 이동도서관을 통한 개인 대출을 구분하기 위해서 '자동차도서관'이란 말을 썼다.

2) 시대를 앞서간 도시형 작은도서관 — 직장문고

직장문고는 엄대섭이 마을문고 운동의 성공에 자신을 얻어 설치한 것으로 '도시·직장인을 위해 고안한 독서 시설'[61]이었다. 엄대섭이 직장문고를 중심으로 국민독서연맹을 하게 된 목적은 아래와 같다.

> 급진적인 공업발전에 따라 도시 중소기업으로 진출하는 농촌인구의 수가 급작스럽게 늘고 있는 이 시대에 농촌 대중과 도시 서민층의 책을 매개로 한 제휴가 농촌근대화 촉진을 위한 큰 자극제가 된다는 판단에서이다. 언젠가 농어촌 각 부락마다 빠짐없이 마을문고가 설치되고, 각 직장마다에는 직장문고가 설치되어 효율적으로 움직이는 날 책 읽는 사회, 잘 사는 나라의 국민 된 자랑스러움을 소리높이 외치려 하며, 멀지 않은 날 우리의 이러한 꿈은 반드시 이루어지리라 굳게 믿고 있는 것이다.[62]

---

60) 이용남, 「공공도서관과 마을문고의 연계 활동, 1: 관외 봉사활동의 일환으로」, 《도서관》 219호(1977.4), 17쪽.
61) 엄대섭, 「마을·직장문고와 교사의 역할」, 《햇불》 2권 2호(1970.2), 37쪽.
62) 위의 글, 35쪽.

군부대 문고 　　　　　　직장문고 활동으로 상을 받은 시내버스 안내양

　직장은 문고를 운영할 수 있는 자금을 모으기 쉽고, 많은 사람이 한 곳에서 같은 일을 하고 있어서 쉽게 조직될 것으로 생각했다. 무엇보다 창립목적에서 밝힌 것처럼 직장문고에서 빌린 책을 집에 가져가서 읽게 함으로써 가정과 청소년 독서운동까지 나아갈 수 있으리라 생각했다.

　직장문고는 10인 이상 고용업체 5만 개소(목욕탕, 요식업소, 공사장, 숙박업소, 이·미용업소, 중소기업체)에 설치를 계획했다. 그때는 본격적인 경제개발 5개년 계획이 수립되어 우리 산업구조가 농·어촌 중심의 사회에서 도시 산업사회로 옮겨가던 무렵이었다. 따라서 도시 인구가 급격하게 늘어나기 시작했고 국민독서연맹에서는 이런 직장을 중심으로 문고를 설립하려 했다. 구체적으로 '10명 이상의 종업원을 가진 소규모 근로 직장에 직장문고, 각 군부대 단위의 사병을 위한 군인 문고를 주축으로 하여 교도소 구치소 등에 교양문고, 고아원 등에 청소년문고, 서민 아파트에 아파트문고 등을 설치'[63]할 계획을

---

63) 엄대섭, 「마을문고와 국민독서운동」, 《도협월보》 12권 9호(1971.9), 11쪽.

세웠다.

　이러한 목적으로 계획된 직장문고 운동은 국민독서연맹에서 '해마다 300여 개소 정도에 설치 계획'[64]을 세웠지만, 직장문고는 마을문고처럼 파급효과가 커지지도 활성화되지도 않았다. 일부 직장과 교회, 군부대에서 설립 움직임은 있었으나 실제 설립은 그의 기대와 노력만큼 활발하게 이루어지지 않았다. 다만 뚜렷한 성과는 '서울과 부산지역 버스 안내양 합숙소 120개소에 직장문고를 설치'[65]한 것으로, 이것은 기업 경영자의 의지라기보다는 엄대섭이 적극적으로 노력한 결과인데 이용남은 다음과 같이 말하고 있다.

　　직장문고 설립은 마을문고처럼 기업체의 적극적인 호응을 얻지 못했다. 그래서 직접 엄대섭이 기업체를 돌면서 설득을 했는데, 가장 집중한 것이 버스 안내양 합숙소였다. 버스 안내양들을 위한 합숙소에 직장문고를 설치한 것은, 그들의 고향이 대부분 농어촌이었고, 또한 다시 직장을 그만두고 돌아갈 곳도 농어촌이었기 때문에 이들에게 문고를 설치해서 독서 습관을 길러 준다면, 이들이 다시 마을에서 문고 운동을 할 재원들이라는 것이 엄대섭의 생각이었다. 따라서 버스 경영주들을 집중적으로 설득하고 그 결과 서울 화곡교통을 처음으로 서울과 부산지역 버스 안내양 합숙소에 설치할 수 있었다.[66]

---

64) 「직장문고 삼백 개 설치」, 《동아일보》, 1970.3.9.
65) 새마을문고중앙회, 앞의 책, 80쪽.
66) 이용남과 대면 인터뷰, 2011.9.2. 11:00~16:00, 자택.

직장문고가 마을문고처럼 쉽게 퍼지지 못했던 원인은, 요즘도 쉽지 않은 '10명 이상의 소규모 직장까지 문고를 설치'한다는 비현실적인 계획에 있다. 하지만 무엇보다 큰 이유는 70년대는 '근대화'라는 이름으로 생산 현장의 노동권이 대부분 무시되고, 전태일의 죽음으로 대변되듯이 현장 노동자들은 책 한 권 읽을 수 없을 정도의 높은 노동 강도에 시달리고 있던 현실에 있다. 또한, 기업 경영주는 '책을 통한 의식화'도 경계했는데, 이러한 상황에 대해 엄대섭은 "책을 읽고 이성을 가진 근로자는 사회문제에 이성적으로 대처한다."[67]고 기업주를 설득했지만 제대로 되지 않았다.

3) 전 국민 독서 캠페인 – 국민독서경진대회

국민독서연맹에서는 직장문고사업 추진, 순회문고 보급뿐만 아니라 전 국민 독서 캠페인을 벌이기도 했는데, 대표적인 것이 '대통령기 쟁탈 국민독서경진대회'였다. 이에 대해서는 아랫글을 통해 당시 상황을 엿볼 수 있다.

국민독서경진대회 시상식

문화공보부의 협조로 추진된 이 대회는 일정 범위의 선정도서

---

67) 이용남과 대면 인터뷰, 2011.9.2. 11:00~16:00, 자택.

를 읽게 하고 객관식(내용 테스트) 및 주관식(독후감) 평가를 하여 시상을 하였다. 이 대회는 일반부, 직장부, 군인부 등으로 구분하여 진행되었는데, 그 단계는 시·군, 시·도 단위별 지방 예선을 거쳐 중앙 단위 본선을 치르도록 하여 전국적인 독서 캠페인의 효과를 극대화하려는 전략으로 추진되었다. 1970년 5월에 대회 공고를 하고는 9월에 지방 예선, 11월에 중앙 본선을 실시하여, 대통령기는 전남 강진군이 차지하고 각 부문별로 국무총리상, 장관상 등을 시상하였다.[68]

이 밖에도 국민독서연맹의 지방연맹으로 '시도위원회'를 조직하여 지방 실정에 알맞은 독자적인 독서운동을 펼치려고 했다. 더불어 독서주간 행사를 주관하고, 중앙과 지방에서 독서 유공자를 표창하고, 양서 보급을 위해 우량 염가본 도서 출판을 촉진하는 운동도 했지만 대부분 계획으로만 그치고 말았다.

<hr>

68) 새마을문고중앙회, 앞의 책, 81쪽.

7. 새마을운동과 협력 - 새마을 총서

마을문고 운동과 새마을운동은 밀접한 관계를 맺고 있었다. '1971
년 전국 33,267개 동리에 시멘트 300부대씩 지원하면서부터'[69] 시작
된 새마을운동은 정신적인 면을 채우기 위해서 '36개 중점 사업 가
운데 하나'[70]로, 마을문고 사업을 채택하고 적극적으로 활용했다.
마을문고는 이를 통해 많은 사업을 할 수 있었고, 1981년 새마을운
동에 흡수될 때까지 끊임없이 상호보완 협력관계를 유지하였다.

새마을운동에서 마을문고의 역할에 대해서는 새마을운동 중앙연
수원 부원장으로 있던 정갑진이 쓴 "새마을문고 운동의 의의"란 글
에서 새마을운동과 마을문고 운동의 관계에 관한 서술을 통해 잘
말해 주고 있다.

새마을운동이 국민독서운동을 중점 과제로 추진해왔다는 사실은
일반적으로 잘 알려져 있지 않은 듯하다. 현재도 전국의 2,470개의

---

69) 김영미, 『그들의 새마을운동』, 푸른역사, 2009, 10쪽.
70) 새마을문고중앙회, 앞의 책, 200쪽.

새마을총서

새마을총서에 들어간 만화

새마을문고가 동네의 작은 도서관 역할을 톡톡히 수행하고 있다. 새마을문고 운동이야말로 새마을운동이 단순히 잘 살기(참살이)운동이 아니라, 종합적·복합적 의미를 지니는 방증이 될 수 있다. 즉 새마을운동이 경제적 물질적 풍요만을 지향하는 운동이 아니라, 정신적 문화적 윤택을 함께 추구하는, 아니 오히려 후자의 바탕 위에서만이 진정한 '참 잘살기 운동'이 성공할 수 있다는 이념을 내포하고 있다는 뜻이다. 새마을 차원의 독서운동인 마을문고 운동은 1961년 창설자인 엄대섭 씨가 농촌 마을문고 보급회를 조직하고 경주지방에 30개의 본보기 마을문고를 개설함으로써 시작되었다.…… 우리나라가 선진화로 가기 위해서 독서운동의 중요성은 새삼 강조할 필요가 없을 것이다. 다만 주민 자조 정신에 입각하면서 전국적인 체계를 갖추고 추진되는 새마을운동의 전통과 이념이 지방화 시대에 더욱 계승 발전되었으면 하는 바람이다.[71]

---

71) blog.naver.com/ubo/20296515[2011.9.24]

새마을운동이 막 시작되었을 무렵 강진도서관 관장으로 있던 강예권은 마을문고 운동과 공공도서관의 관계 설정에 대해 '새마을운동과 군 단위 공공도서관 봉사'란 글에서 새마을운동 확산에 따른 마을문고 활동의 의미를 다음과 같이 평가함으로써 밝히고 있다.

새마을운동은 근면·자조·협동하는 새마을정신을 계발하고 구현하는 일이 근본과제로 되어있다. 그렇다면 근면을 일깨우는 힘, 자조의 의지력·협동의 지혜를 북돋우는 가장 큰 원천은 책이다. 새마을정신에서 파급되는 효과를 지속화시키고 극대화시키는 무서운 힘이 책에서 이루어진다고 한다면 농민에게 책을 읽을 수 있는 충분한 여건을 마련해 주는 일이 새마을운동에 있어서 가장 우선적인 사업으로서 선행되어야 한다. 다시 말해서 새마을운동이 확산되고 발전돼가야 한다. 농민들에게 무작정 책을 읽자고 호소하는 것이 독서운동이 아니다.

그들 농민들의 실정과 정도에 알맞고 부담 없이 쉽게 읽을 수 있는 (독서 취미를 깃들일 수 있는) 읽을거리를 농민들의 생활 주변에 자주 접근시켜서 책을 읽을 수 있는 편리한 계기를 마련하여 주어 독서 의욕을 수반하는 system과 활동이 선행되어야 한다. 원거리에 있는 농민들 속으로 깊이 들어가서 도서관의 씨를 골고루 뿌려주는 활동이 군 단위 공공도서관의 관외 봉사이다.[72]

---

72) 강예권, 「새마을운동과 군 단위 공공도서관 봉사」, 《도협월보》 14권 11호(1973.11).

강진군은 1965년 군립도서관이 설립되고, 김재호 군수의 노력으로 지방자치단체 가운데 처음으로 마을문고를 모든 자연부락에 설치했던 곳이다. 무엇보다 군립도서관과 마을문고가 유기적인 관계를 맺고 있던 대표적인 지역이다. 새마을운동과 마을문고와 관계에서 가장 주목할 것은 새마을운동을 통해 본격적인 도서발간사업을 벌인 것이다.

'새마을총서 발간사업'은 1974년부터 시작하여 농어촌 마을문고에 필요한 농·어업 기술도서를 중심으로 19종을 발간했다. 이 도서 발간사업은 '전국의 마을문고에 적합한 도서를 발간·보급함으로써 부족한 장서를 보충해 주어 문고의 사기를 북돋아 준다는 의미와 함께, 농민이 재미있고 쉽게 읽을 수 있도록 농업 기술을 만화로 풀이하여 농촌에 필요한 책의 모델을 제시하기 위한 것이었다.'[73] 특히, 이 사업은 앞서 말한 국민독서연맹의 사업 가운데 하나였지만, 여러 가지 어려움 때문에 시행하지 못하고 있다가 새마을운동으로 인해 결실을 본 대표적인 사업이라 할 수 있다.

---

73) 새마을문고중앙회, 앞의 책, 90쪽.

8. 기금 안정을 위한 노력

1974년 말, 전국 대부분의 자연부락에 마을문고가 설치보급된 것을 기점으로, 마을문고진흥회의 중심 사업 방향은 '문고 설치에서 육성으로' 바뀌었다. 마을문고의 육성을 위해서는 주민들과 밀접한 관계를 맺고 있는 지방행정의 지원이 절실했다. 경상북도와 전라남도, 충청남도에 도위원회가 자생적으로 활동하고 있었지만, 나머지 지방조직(도·시·군 지부)에도 필요성이 강하게 나타났다.

이렇게 마을문고진흥회에서는 도·시·군 지부의 활성화를 위해서는 지방자치단체와 협력이 꼭 필요했고, 문고 회원들의 역량을 높일 수 있는 교육과 지도를 위해서는 운영비를 더 많이 확보해야만 했다. 이런 점을 해결하려면 소관 부처를 내무부로 이전하는 것이 중요했다. 이에 따라 꾸준히 소관 부처를 문교부에서 내무부로 이전할 것을 건의하고 있었다.

그동안 문교부에서 지원하는 것은 모두 각 마을문고용 도서 보급에만 쓸 수 있었고, 마을문고 본부 운영과 지도자 교육, 회지 발간 비용은 모두 정치인이나 경제인이 회장을 맡으면서 내는 기금으로

기부금 받는 엄대섭과 이용남 　　　　마을문고 현장조사에 함께한 김중한 교수

충당했다. 하지만 이들이 자리에서 물러날 때마다 새롭게 운영비를
마련하기 위해 애를 먹었다.

엄대섭은 이런 문제를 근본적으로 해결하기 위해 안정적인 기금을
만들 구상을 했다. 먼저 1974년 외솔상 상금으로 받은 100만 원과 자
신의 재산 500만 원, 고태진 마을문고진흥회장이 발전기금으로 내놓
은 400만 원 이렇게 1천만 원을 만들었다. 이것을 바탕으로 각 기업체
의 후원을 받아 1억 원을 만들어 그 이자로 운영비를 충당하려 계획
하고, 전국경제인연합회에 속해 있는 대기업들에 호소문을 돌렸으나
전혀 반응이 없었다.

그때는 현대그룹에서 아산사회복지재단을 설립하던 무렵이라 잠시
관심을 가졌지만 더는 진척이 없었다. 이에 엄대섭은 현대그룹 회장
실 앞에서 자신의 손가락을 자르며 지원을 호소하려는 극단적인 계획
까지 세웠으나 직원들의 만류로 실행에 옮기지는 못했다. 그러는 사
이 기금 종잣돈으로 모아 놓았던 1천만 원도 운영비로 거의 다 들어
가 버리고, 1977년 초에는 직원들 임금도 못 줄 정도로 어려워졌다.
결국, 간부 직원인 이용남 사무국장과 곽태원 총무부장은 무보수로 일을 하고, 타자수 한 사람만 빼고 나머지 직원들은 그만둘 수밖에 없었다. 그래도 사정은 나아지지 않자 이용남과 곽태원은 지역 문고 운동가들과 함께 단체 해산을 진지하게 고민하고 있었다.

그러나 한편으로 엄대섭은 마을문고를 살리기 위해서는 운영비까지 지원받을 수 있고 지방자치단체의 효율적인 협조를 받아내기 위해 내무부를 찾아가 소관 부처 이관을 건의하였다. 내무부에서는 전국 마을문고에 대한 표본조사를 시행하는 등 나름대로 소관 부처 이전 타당성을 검토했으나 처음엔 보류되었다. 하지만 엄대섭은 여기에서 실망하지 않고 강진군 280여 개 마을문고 전부를 일일이 찾아가 실태 조사를 한 뒤 이것을 바탕으로 자료를 고치고 더해서 내무부에 건의 안을 올렸다.

이런 노력 끝에 내무부에서 건의안이 재검토되고, 1977년 10월 마을문고를 담당하는 부처가 문교부에서 내무부로 이관되었다. 내무부 새마을 지도과에 근무하면서 이관 실무를 담당한 신상철은 그 타당성을 다음과 같이 말하고 있다.

마을문고 운동은 새마을운동과 별개의 운동이 아니고 새마을운동의 한 가지 실천유형이라고 할 수 있다. 그러나 다만 마을문고 운동의 직접적인 목표는 독서를 통하여 국민, 특히 농어민의 지적 수준과 자질을 향상하고 나아가 국민의 정서순화와 국민정신의 건전한 육성을 기하자는 데 목적이 있는 것이다. 그러므로 새마을정신의 개발이라고 하는 목표는 바로 마을문고 운동을 통하여 실천할 수 있는 것이

며 여기에 마을문고 운동이 새마을운동의 일환으로 추진될 수 있는 타당성이 있는 것이다.[74]

그 무렵에는 새마을운동이 활발하게 진행되고 있던 때라 마을문고는 더는 교육 목적의 한정된 사업이 아닌 농·어촌 주민 전체의 생활개선을 위한 사업이라는 평가를 하고, 이를 원활히 하기 위해서 내무부의 이관이 필요했다는 것이다. 이렇게 마을문고는 내무부로부터 사업비뿐만 아니라 운영비까지 지원을 받게 되면서 간신히 위기를 넘겼다.

1978년부터 사업비와 운영비 전액을 지원받게 되자 마을문고진흥회는 전국 9개 도에 177개의 시·군 지부를 조직을 갖춰 운영체제를 완성하고, 문고사업도 비로소 문고육성으로 바꿀 수 있었다. 그리고 도 단위 지부에는 2명의 상근 직원까지 배치할 수 있었다. 또한 문고육성정책의 한 방법으로 1979년 9월 19일 문고 지도자 중앙교육에서 '장서 2천 권 돌파상'을 제정하여 시상하기도 했다.

74) 신상철, 「새마을운동과 마을문고 운동」,《지적》 41호(1978.8), 대한지적공사, 86쪽.

9. 막사이사이상 수상

1980년 6월 18일, 그동안 그의 옆에서 온갖 궂은일을 해가며 마음 고생 한 끝에 병을 얻은 아내가 오랜 투병 끝에 생을 마감하는 커다란 슬픔이 찾아왔다. 한편 그해 8월 9일 필리핀에서 뜻밖의 아주 기쁜 소식이 들려왔다. 엄대섭이 1980년 막사이사이상 공공봉사 부문 수상자로 선정되었다는 것이다.

엄대섭은 마을문고 운동이 외국에 조금은 알려진 것을 알고 있었

막사이사이상 시상식장에서 에브르 여사와 함께
(왼쪽 두 번째부터 엄대섭, 에브르, 이용남)

지만, 외국에서 마을문고의 활동에 대해서 얼마나 자세히 아는지 궁금했는데, 그 궁금증은 8월 말 시상식장에서 풀렸다. 막사이사이 상 재단 사무총장인 벨렌 H. 에브르(Belen H. Abreu) 여사는 오래전 부터 이화여대 교수이면서 도서관장이던 이봉순 여사와는 친분이 있어서 마을문고와 엄대섭의 활동에 대해 알고 있었다. 특히 수상자 결정 몇 해 전부터 필리핀 '지역사회개발연구소 연구원'으로 신분을 감추고 마을문고진흥회 사무실과 경기도와 강원도 일대의 여러 마을을 돌아보고 조사해갔다.

막사이사이상 수상 공적설명 자료에는 "전체적으로 부진한 문고 가 많아 육성책이 걱정이긴 하지만, 국가에서 적극 공공도서관 정책을 펴지 못하는 개발도상국에서 도서관에 관한 관심을 끌어내기 위해서는 꼭 필요한 운동"[75]이라고 하였다.

엄대섭의 막사이사이상 수상을 계기로 마을문고진흥회는 다시 한 번 재정자립을 위해 노력했지만, 청와대와 내무부에서는 경제인들의 후원금이 주를 이루는 수입으로는 재정자립이 어렵다고 결론을 내렸다. 결국, 1981년 12월 마을문고진흥회가 '새마을운동본부'의 회원단체로 통합이 결정되면서 마을문고 운동은 그의 손을 떠나게 되었다.

---

75) 이용남, 『이런 사람 있었네』, 한국도서관협회, 2013, 101쪽.

10. 도서관을 도서관답게
– 대한도서관연구회 창립

1981년 말, 마을문고 운동이 그의 손을 떠나면서 엄대섭은 잠시 쉴 틈이 생겼다. 그는 쉬면서 틈틈이 전국에 있는 공공도서관을 찾아다녔다. 하지만 공공도서관 현장을 보면 볼수록 그의 고민은 깊어져 갔다. 마을문고 운동을 처음 시작하던 1961년에 전국에 18개이던 공공도서관은 160여 개로 20년 만에 수적으로는 늘었지만, 도서관 형태는 아무것도 달라진 것이 없었다.

도서관을 찾는 이들은 도서관을 지식과 정보를 얻는 곳이 아니라 시험공부를 위한 독서실로만 생각하고, 그나마 있는 자료도 이용이 무척 까다로웠다. 심지어 공공도서관을 건축할 때 공부방 중심의 열람 좌석이 규모의 기준이 되고 있었다. 엄대섭은 이러한 도서관 현실을 안타까워한 끝에 자신의 집에서 새로운 도서관개혁 운동단체인 '대한도서관연구회'를 1983년 1월 18일 창립[76]했다. 운영비는 대부

---

76) 당시 대한도서관연구회의 임원단은 회장에 엄대섭, 부회장에 이경훈, 이춘희, 이사에 김경일, 양병택, 김성두, 김병주, 김효정, 박대권, 이홍구, 최일남, 상임이사에 조원호, 이용남, 감사 박치현, 왕태은으로 구성되었다(대한도서관연구회, 《오늘의도서관》 창간호(1984.12.18), 3쪽)

분 그가 받은 막사이사이상 상금 이자로 해결했으며, 평생회원과 참여회원의 회비로는 회보《오늘의도서관》발행 비용 일부를 보충했다.

오늘의도서관(창간호)

이렇게 만든 대한도서관연구회 활동 목적은 기관지《오늘의도서관》[77]에 잘 나와 있는데 내용을 살펴보면 다음과 같다.

첫째, 우리 연구회는 공공도서관의 발전 및 운영개선을 촉진시킨다. 사회는 그동안 발전했지만 이에 걸맞은 도서관법은 1963년 제정 이래 바뀌지 않았고, 그사이 공공도서관은 1961년 18개에서 1981년 무렵 160여 개로 10배 가까이 늘어 양적 성장이 이루어졌다. 이에 따라 도서관법 개정을 통해 현실에 맞고 미래를 내다보는 도서관을 만들 수 있도록 했다. 또한, 도서관장을 전문직인 사서가 맡을 수 있도록 하고, 장기적인 관점에서 도서관 정책을 수립하고 관리할 수 있는 전담행정기구 설치도 주장하는 것이다.

둘째, 우리 연구회는 공공도서관에 대한 사회의 인식을 고취시킨다. 그 무렵 공공도서관은 정보자료의 공간보다는 학생들 공부방으로만 머물러 있었고, 있는 자료도 이용자들이 자유롭게 이용하지 못하고 있었다. 이때 개가제 운동을 통해 자유로운 자료 이용을 할 수

---

77) 대한도서관연구회,《오늘의도서관》2호(1985.3.1) ~ 9호(1986.5.30), 첫머리.

있도록 하였고, 무엇보다 관외 대출은 소수의 특권층으로 제한되어 있던 것을 바꾸려는 것이다. 도서관에서 자료 이용이 활성화된다면 이용자들의 인식도 공부방에서 정보자료 이용 공간으로 바뀔 것으로 생각했다. 여기에 대해서는 대한도서관연구회에 주도적으로 활동한 조원호의 글에 따르면 "도서관을 공부방으로 인식하고 있었고, 이에 따른 도서관이 부족하다고 느끼고 있었다."[78]라고 한다. 이러한 현실을 바꾸기 위해 공공도서관 자료의 이용률을 높일 방법을 고민했다. 그 결과 심리적 거부감을 가지고 있었던 입관료를 폐지하고, 개가제 및 적극적인 관외 대출을 통해 공공도서관을 '정보자료 이용 공간'으로 인식시키도록 하는 것이다.

셋째, 우리 연구회는 국민 대중의 공공도서관 이용 의욕을 고취시킨다. 도서관을 중심으로 여러 가지 평생 교육프로그램을 운영하여 학교 밖에서 다양한 자기계발의 공간으로 도서관이 자리 잡을 수 있도록 했다. 특히 문헌 자료 이용을 힘들어하는 이들을 위해 취미 강좌뿐만 아니라 음악 감상이나, 영화관람 등 여러 가지 비도서 자료를 활용하여 친숙하게 접근하도록 하며, 나아가 지역주민들 생활에 깊숙이 들어가 있는 공공도서관이 자리 잡도록 하는 것이다.

이것은 우리나라 공공도서관을 유네스코 공공도서관 선언이 밝힌 기준에 맞추려는 데 목표를 둔 것이라고 할 수 있다.

---

78) 조원호, 「공공도서관은 부족한가: 공공도서관 별관제도 서설」, 《종로도서관보》 9호 (1980), 33쪽.

11. 이동도서관
– 공공도서관을 바로 세울 가장 현실적인 수단

1) 중소리포트에 자극받아서

우리나라에서 이동도서관은 1971년 4월에 서울 종로도서관에서 처음 운영했으며, 1971년 6월엔 광주전일도서관이, 1973년 4월엔 서울 동대문도서관에서도 운영[79]했지만 자동차를 활용한 이동도서관은 더는 늘어나지 않았다.

엄대섭은 그가 한국도서관협회 사무국장으로 활동하고 있던 1950년대 무렵, 일본도서관협회 사무국장으로 있으면서 가까이 지내던 아리야마 스우가 1960년대 히노시장에 당선되어 이동도서관으로 일본 공공도서관의 혁신을 가져온 것을 누구보다 잘 알고 있었다.

1965년 공공도서관이 제대로 없던 히노시는 처음에 건물을 가진 공공도서관보다 지역주민들을 만날 수 있는 이동도서관을 운영하

---

79) 엄대섭, 「마을문고와 순회문고의 봉사활동」, 《남산도서관보》 3호(1973.7), 53쪽.

일본 자동차도서관 제작공장을 방문한 엄대섭

면서 주민들에게 공공도서관의 필요성을 인식시켜 나갔다. 꾸준히 이동도서관을 늘려 나간 히노시는, 1973년에 이르러서 중앙도서관을 개관하면서 제대로 된 도서관 건물을 지었다. 히노시의 도서관은 "누구라도 어디에서라도 이용할 수 있는 도서관"을 목표로 개설되었는데 이는 아리야마 시장과 마네카와 츠네오 초대 관장이 지은 「중소도시의 도서관 운영(약칭 중소리포트)」에 잘 나타나 있다. 히노시의 사례는 70년대 이후 일본의 공공도서관 운영 방향 설정에 큰 영향을 끼쳤다.

따라서 이런 상황을 잘 알고 있던 엄대섭이, 대한도서관연구회 활동 가운데 가장 먼저 진행하고 중요하게 여긴 것이 이동도서관 운동이었고, 무엇보다 관외 대출, 개가제, 입관료 폐지를 한꺼번에 실현할 수 있는 가장 현실적인 수단이기도 했다.

2) 소수 정예부대 '대한도서관연구회 연구팀' 활동

대한도서관연구회는 '공공도서관의 운영개선을 촉진시키려는 뜻을 가진 몇 사람들의 운동그룹'[80]이었다고 이용남은 말하고 있고, 엄대섭 스스로 "이곳 연구회는 항상 조 관장이 중심체이며, 이용남 교수

---

80) 이용남 교수 정년퇴임 기념문집 간행위원회, 앞의 책, 259쪽.

가 조연자이며 저는 다만 공직자가 하기 어려운 대외 발언을 대변하는 입장입니다."[81]라고 말하고 있다. 이것은 주요 활동인 '이동도서관 사업'과, '입관료 폐지' 등 활동이 국립중앙도서관 역삼 분관을 중심으로 시범 시행된 것을 볼 때 조원호의 역할이 컸으며, 이 세 사람이 대부분의 활동을 전개한 것이라고 할 수 있다.

대한도서관연구회 정관

이들이 가장 먼저 추진하고 중점적으로 생각했던 것은 이동도서관 사업에서 가장 잘 나타나는데, 대한도서관연구회 창립과 동시에 조원호와 이용남을 중심으로 '자동차 도서관'에 대한 개념을 정립하고, 세계 각국에 있는 자료를 수집해서 운영 현황과 실태를 조사 분석했다. 조원호는 자동차도서관에 대한 개념과 가치를 '원심적 봉사활동', '기동성', '시민의 지지', '공공도서관의 발전을 이끄는 사업'[82]으로 정리했는데 이것은 자동차도서관의 사업 목적을 뚜렷하게 밝혀주는 글이다.

이를 바탕으로 국립중앙도서관 분관에서 1983년 2월부터 타이탄 트럭을 개조하여 자동차도서관을 시범적으로 운영하는 한편 우리 현실에 맞는 자동차도서관 전용 차량 제작, 전국 자동차도서관 실무

---

81) 엄대섭이 김정근(당시 부산대 도서관학과 교수, 현 부산대 문헌정보학과 명예교수)에게 보낸 편지, 1985.8.15.
82) 조원호, 「자동차 도서관이란?」, 《오늘의도서관》, 창간호(1984.12.18), 4쪽.

시제품으로 제작한 이동도서관 　　　　　자동차도서관 실무연수

자 간담회 및 연수를 개최[83]했다.

또한 '자동차도서관의 성격 기준'을 제정하였다. 이동도서관을 통한 이용자에 대한 직접 서비스를 강조하고 있는 부분으로 그 기준은 아래와 같다.

① '자동차도서관(Book Mobile)'은 차량을 이동 수단으로 하여 이용자가 도서관차 서가에서 직접 선택한 도서 및 기타 도서관 자료를 도서관 직원이 개별적으로 대출하고, 반납받는 봉사 성격을 지닌다.

② 도서관 차량을 이용하여 특정의 기관 또는 단체를 대상으로 상당량의 도서관 자료를 일괄 대출하였다가 반납받아 오는 형태의 봉사는 '배본 봉사(Delivery Service)'라 한다.

③ 배본 봉사는 비록 그것이 도서관의 차량을 운송 수단으로 한다 해도 이를 자동차도서관·이동도서관·이동문고·순회문고라 부르지

---

83) 대한도서관연구회, 《오늘의도서관》 창간호(1984.12.18), 3쪽.: 《오늘의도서관》 2호
　　(1985.3.1), 8쪽.

않고 배본차라 부른다.[84]

도서관에 쓰는 공식 용어는 '이동도서관'이지만, '자동차도서관'이라는 말을 썼던 이유에 대해 이용남은 "당시는 북 모빌에 대한 사회의 인식이 약하던 때인지라, '이동도서관'이라 하면 순회문고쯤으로 생각하는 시민들이 많아, '자동차'라는 이미지를 직접적으로 강조하기 위한 용어 선택이었던 것"[85]이라고 밝히고 있다. 실제로 몇몇 공공도서관이나 새마을문고에서는 '이동도서관'이란 이름으로 순회문고(집단 대출)를 운영하기도 했다.

한편 엄대섭은 좀 더 철저한 자료조사를 위해 직접 이동도서관이 잘 운영되고 있는 일본 히노시와 자동차도서관 제작공장인 '하야시다(林田)제작소'를 방문해서 차량에 필요한 시설 및 설계도를 얻고, 일본도서관협회를 통해 자동차도서관 활동 및 홍보 영상물도 구했다.

이 무렵 국립중앙도서관 분관장으로 타이탄 트럭을 개조해서 이동도서관을 시범 삼아 운영한 조원호는 그때 상황을 다음과 같이 말하고 있다.

대한도서관연구회에서 엄대섭 선생과 함께 개가 및 관외 대출운동을 조직적으로 진행하면서 동시에 이동도서관 운동을 전개했다. 이동

84) 대한도서관연구회, 《오늘의도서관》 3호(1985.5.1), 5쪽.
85) 이용남 교수 정년퇴임 기념문집 간행위원회, 앞의 책, 263쪽.

도서관 운동을 통해 주민들을 직접 찾아가 책을 빌려줌으로써 도서
관 이용을 촉진시키고 도서관에 대한 인식을 진작하고자 하였다. 당
시 일반 차량으로는 도로교통법에 위반되기에 이동도서관을 운영할
수 없었다. 결국, 우리는 모든 도서관이 찾아가는 도서관이 될 수 있
도록 북모빌용 차량 개발에 몰두하였다. 아시아자동차에서 주문용
모델 차량을 제작하게 되고 이 결과 전국 최초의 북모빌이 탄생하였
다. 이후 상공부에 정식 승인을 받을 수 있었다.[86]

이렇게 해서 국내 최초의 이동도서관 차량 정식 모델이 탄생하게
되었다.

이때부터 대한도서관연구회에서는 언론을 상대로 이동도서관에
대한 대대적인 홍보작업을 벌였고, 그 결과 언론에 이동도서관의 활
동 및 선진국의 사례가 집중 보도되었다. 이러한 과정을 통해 이동
도서관은 사회의 조명을 받게 되고, 특히 문화방송에서 적극적으로
참여하여 안동, 강릉, 청주, 대구 문화방송이 이동도서관을 운영하
는 성과[87]를 올렸는데, 아시아자동차에서 처음 제작한 이동도서관
차량은 청주문화방송에서 인수하여 1984년 8월 10일 개관[88]하여
운영했다.

---

86) 조원호(한국도서관협회 사무총장)와 대면 인터뷰, 2000.6.23. 7:00~12:00, 부산대
    학교 상남국제회관.; 이연옥, 『한국공공도서관운동사』, 한국도서관협회, 2002. 앞의
    책, 143쪽에서 재인용.
87) 대한도서관연구회, 《오늘의도서관》 7호(1986.1.20), 2쪽.
88) 대한도서관연구회, 《오늘의도서관》 창간호(1984.12.18), 3쪽.

3) 방송국에서 만든 도서관 'MBC 이동도서관'

언론사에서 홍보나 방송 프로그램이 아닌 직접 도서관 운영사업에 뛰어든 '문화방송의 자동차도서관' 사업은 그 사례를 찾아볼 수 없는 특이한 일이다. 더구나 이동도서관을 운영하면서 이용자로부터 이용료를 받지 않는 공익사업이었다는 점에 주목할 필요가 있다. 이렇게 문화방송이 이동도서관을 하게 된 것은 엄대섭의 적극적인 노력도 있었지만, 이에 적극적으로 호응한 김병주 문화방송 관리이사의 의지와 노력 덕분이었다.

문화방송은 1983년 12월 5일 대한도서관연구회의 공공도서관 사업 참여에 대한 자문에 응하여 '자동차도서관 사업'을 채택[89] 함으로써 본격적인 이동도서관 사업에 뛰어들었다. 문화방송의 자동차도서관 사업 및 운영계획은 1, 2단계로 나누어 계획되었는데, '1단계는 도시지역 64개, 2단계는 군 단위 지역 143개 모두 207개 자동차도서관을 설치 운영한다는 계획'[90]이었다. 「자동차도서관 설립·운영 개요」[91]에 따르면, 자동차도서관의 정의부터 우리나라 실태, 문화방송의 설립 운영계획, 홍보방법 등의 내용을 담고 있으며, 부록으로 당시 공공도서관 자료 및 이용통계조사표를 담아서 비교함으로써 이동도서관의 필요성을 강조하고 있다.

---

89) 대한도서관연구회, 《오늘의도서관》 창간호(1984.12.18), 3쪽.
90) 문화방송, 「자동차도서관 설립·운영사업 개요」, 내부 자료(1984.3), 6~8쪽.
91) 위의 자료.

안동문화방송 이동도서관 개관식　　　　　　강릉문화방송 영동호

　이 계획에 따라 가장 먼저 이동도서관을 개관 운영한 곳은 안동문
화방송으로, 소형버스를 개조해서 운영했다. 안동문화방송 이동도
서관 운영 내용은《오늘의도서관》에 자세히 실려 있다.

　　전국 20개 지방사 중에서 맨 먼저 자동차도서관을 개관한 곳은
1984년 2월 3일 안동문화방송이었다. 안동 MBC 자동차도서관에
는 청년 유지로 운영위원회가 조직되어 있다.…… 이 도서관의 장서
수는 성인 도서 1,977권, 아동도서 1,133권 등 모두 3,110권(85.1.1)
이다. 개관 일주년의 실적은 연간 이용자 수 12,028명, 연간 대출
권수 29,445권이다. 성인 및 아동별 대출 현황은 성인 9,497권, 아
동 19,948권이다. 업무 요원은 사서 1명과 기사 1명이 전담하고 있
다.…… 월간 운영 경비는 인건비 847,000원, 차량 관리비 200,800
원, 도서 구입비 15만 원으로 합계 1,119,800원이다. 한편 안동시립
도서관의 현황을 살펴보면 건평 1,898㎡ (574평)의 3층 건물에, 직원
7명, 84년도 예산은 경상비 2천 1백여만 원, 인건비 2,500여만 원이

다. 84년도 사무 성과표에 의하면 1일 평균 입관 수 408명, 입관료 수입 3만 1천 원, 관내 대출 43권, 관외 대출은 겨우 3일에 1권꼴로 나와 있다. 연간 4,600여만 원의 시비를 투입해서 990여만 원의 입관료를 징수하였으니 연간 3,600만 원의 결손을 보는 독서실 운영을 하고 있는 셈이다.[92]

위의 글은 이동도서관의 눈에 띄는 성과를 보여주는 동시에 내용상으로 관외 대출의 중요성과 입관료 폐지의 필요성을 알려주고 있다. 이 밖에 1984년 3월 21일 강릉 문화방송 이동도서관이 개관했다.

문화방송의 이동도서관 사업은 사장이 바뀌고, 중앙에 있던 김병주가 지방 계열사인 마산문화방송 사장으로 가면서 더는 진행되지 못했다. 더구나 문화방송에서 설치 운영한 이동도서관에 대한 정확한 수와 기간, 장서량에 대한 통계나 자료도 알 수 없지만 당시 문화방송 지방 계열사가 있었던 17개 지역에서는 운영되었던 것으로 짐작된다. 1984년 7월 말까지 6개월이란 짧은 기간에 전국 17개 지역에 23대의 자동차도서관을 운영할 계획[93]을 세우고, 공식기록에 없는 마산문화방송에서도 자동차도서관을 운영했고, 뒤에 공공도서관으로 관리 전환[94]되었다는 사실은 이것을 증명한다.

---

92) 대한도서관연구회, 《오늘의도서관》 3호(1985.5.1), 2쪽.
93) 문화방송, 앞의 자료, 9쪽.
94) 마산문화방송 자동차도서관은 기록에는 없지만, 글쓴이가 성장기를 보낸 지역이라 뚜렷이 기억하며, 1988년 마산도서관이 재개관할 때 마산문화방송으로부터 관리 전환 받았다는 것을 마산도서관 권○○으로부터 확인(2011년 9월 7일)했다.

4) 사서가 직접 서비스하는 '새마을 이동도서관'

문화방송과 몇몇 공공도서관에서 운영되던 이동도서관은 새마을 문고에서 이동도서관을 운영하기 시작하면서 널리 퍼졌다.

새마을문고에서 이동도서관을 운영하게 된 것은 '1985년 7월 28일 KBS 뉴스 파노라마에 이동도서관 역할과 선진국의 사례가 집중적으로 소개된 이후이다. 이때 서울시 고위층에서 이 뉴스를 보고 이동도서관 설치에 큰 관심을 기울이게 되었다고 한다.'[95] 이를 계기로 서울시가 신규 사업으로 9억 1천 4백만 원의 예산을 책정하여 각 구당 1대씩, 총 17대를 설치한 뒤 새마을운동 서울시지부에 운영을 맡겼다. 이로써 이동도서관 운동은 본격적인 궤도에 오르게 되었다.

새마을 이동도서관의 운영 특징은 무엇보다 사서직을 공개 채용하여 운영을 전문화했다는 점이다.

> 각 차량마다 사서, 사서보, 운전 별정직 각 1명씩 3명이 구당 20개 지역씩 총 340개소를 2주일에 한 번씩 순회하며 독서상담과 대출을 실시했다. 이동도서관 운행에 대한 시민의 반응도 좋아 개관 1주년 만에 34만 명의 이용자에게 80만여 권의 책을 대출하는 성과를 거두었다.…… 이러한 서울시 새마을 이동도서관은 1989년 2월 10일경에는 신설 5개 구에 확대 개설, 모두 22대에 총 장서 40만여 권과 연평

---

95) 새마을문고중앙회, 앞의 책, 120쪽.

새마을 이동도서관

균 176만여 명에게 5백만여 권의 도서를 대출하기에 이른다.[96]

서울을 중심으로 운영되던 새마을 이동도서관은 1992년 12월 인
구 20만 이상 지역으로 확대 운영[97]되었고, 지금도 새마을 이동도서
관은 수도권 지역에서 운영되고 있다.

새마을문고에서 이동도서관 사업을 중점적으로 벌이게 된 것은,
1980년대 이후 농촌사회 인구가 줄어들면서 마을문고를 꾸준히 유
지하기에는 한계에 맞닥뜨렸고, 따라서 전체 마을문고를 재정비하면
서 도시형 새마을문고 운동으로 방향 전환을 하게 된 과정에서 일어
난 것이라고 볼 수 있다.

96) 새마을문고중앙회, 앞의 책, 120쪽.
97) 새마을문고 중앙회 홈페이지, 〈http://www.saemaul.com/member/member/mb_
book3.asp〉 [2011.10.23. 인용].

12. 공공도서관이라면 누구나 자유롭게
　　 - 개가제와 관외대출운동

　개가제와 관외 대출운동은 우리 공공도서관의 구조를 새롭게 바꾸는 혁명적인 운동이라 할 수 있다. 기관지 《오늘의도서관》에서 이동도서관 다음으로 많이 다루고 있는 것이 개가제 및 관외 대출 문제이다. 좀 더 자세히 말해 엄대섭이 이동도서관을 맨 앞에 내세운 것은, 사실상 공공도서관에서 '개가제 및 관외 대출'을 끌어내려는 수단이었다고 볼 수 있다. 1980년대 들어서면서 공공도서관이 늘었다고 하지만 여전히 모자란 상황에서 이동도서관은 가장 현실적인 방법이었다. 이것은 그가 마을문고의 성장을 통해 공공도서관을 정상화하려 했던 그의 생각과도 일치하는 것이다.

　1980년대 초까지 공공도서관의 관외 대출이 제한되었던 원인에 대해 김포옥은 무엇보다 일제강점기부터 있었던 대출보증금 때문이라고 했다. 구체적인 사례로서 1982년 무렵 충북 제천 시립도서관의 관외 대출도서 보증금 규정(1982. 2.16. 조례 제 188호 개정)을 들고 있다.

대출보증금은 대출권을 받은 자로서 이를 접수처에 제출하고 대출 열람표와 보증금을 납부한 후 대출 열람표를 다시 교부받는다. 대출 권의 보관은 대출한 도서를 반납할 때까지 보관한다. 보증금은 대출 도서의 반납 또는 관외 대출 연체료의 선납 후가 아니면 반환하지 않 으며 보증금의 지불은 3일 이내에 지출한다. 반납기일이 7일이 지나 도 도서를 반납하지 않을 때는 이후 대출을 금지하는 동시에 예치보 증금을 도서 대금으로 대치하고 반환하지 않는다.

이에 보증금의 기준은 다음과 같다.

국내 신간도서. – 당해 도서 시가액

국내 구간도서. – 당해 도서 정가액의 1,000배

일본 신간도서. – 당해 도서 정가액의 10배

일본 구간도서. – 당해 도서 정가액의 3,000배

신간 양서. – 당해 도서 정가액의 10배

구간 양서. – 당해 도서 정가액의 2,000배로 예치한다.[98]

위 규정은 그때 공공도서관 현실이 '자료 이용' 개념이 아닌 '자료 보존' 개념으로 한정하여 운영되었다는 것을 보여준다. 또한, 보증금 액수로 볼 때, 대출보증금을 내고 관외 대출을 할 수 있는 이는 일반 대중이 아닌 특권층이었음을 나타낸다. 이 밖에도 나이에 따른 도서 관 이용 제한도 있었다. 1980년대에는 어린이 열람실이라고 하더라

---

98) 김포옥, 앞의 글 122–123쪽에서 재인용.

도 초등학교 4학년 이상이어야 마음대로 출입할 수 있었고, 유아들은 부모와 함께 '모자열람실' 정도만 제한적으로 이용할 수 있었다. 유아들에게도 공공도서관이 모두 개방된 것은 2003년 어린이 도서관 건립 프로젝트가 시작된 뒤부터이다. 이렇게 폐쇄적이었던 공공도서관이 요즘의 모습으로 바뀌게 된 것은 도서관인들의 끊임없는 노력 때문이었지만 엄대섭의 대한도서관연구회 활동이 이러한 변화의 기폭제가 되었다는 것을 부인할 수 없다.

엄대섭은 개가제 및 관외 대출을 실현하기 위해 먼저 실태 파악에 나섰다. 그는 틈틈이 차를 직접 운전하며 2년 동안 전국 160여 개 공공도서관을 직접 둘러보았다. 그러면서 형편없이 운영되고 있는 공공도서관의 현실을 뼈저리게 느끼고 이것을 여러 언론에 알려서 크게 보도되었다.

"심지어 서고에 자물쇠를 채워놓고 이를 이용하지 않는 도서관이 27개소나 되더군요." 지난 2년 동안 순방 조사 결과를 보고서로 작성, 관계기관에 제출할 계획인 엄 씨는 해당 지역의 문화정보센터 구실을 해야 할 공공도서관이 그저 독서실로 전락한 게 어제오늘의 일이 아니지만 이러한 사실을 이번에 아주 실감했다고 말했다. "전국 공공도서관의 80%는 독서실로만 이용되고 있어요. 그러니 일부 서고는 활용되지 않고 아예 자물쇠로 채워져 있을 수밖에요." …

그러나 우리나라의 전반적인 발전 정도에 비추어 공공도서관이 너무 침체를 벗어나지 못하고 있다는 게 엄 씨의 순방 조사 결론이다.

엄 씨는 "이러한 현실을 고쳐야 할 정책 입안자나 사회 지도급 인사 자신들이 학창 시절부터 도서관다운 도서관을 이용해 본 적이 별로 없고 독서실로만 이용해 왔기 때문"이라고 지적했다. 엄 씨는 문화적 혜택을 받을 기회가 적은 지방 주민들을 위해 공공도서관의 활발한 운영이 시급하다고 말했다. 공공도서관은 학교 도서관 특수도서관과는 달라 지역주민들이 언제나 필요한 책을 손쉽게 빌려볼 수 있는 개가식 제도와 관외 대출 제도를 채택해야 한다는 것이 엄 씨의 지론이다.[99]

공공도서관이 이렇게 된 배경에 대해 '입시를 위한 전형적 주입식 교육이 강도 높게 추진되었고, 이러한 교육환경은 입시에 전적으로 매진할 수 있게 하는 사회적 공간을 요구하게 되었다. 이와 같은 사회 환경에서 공공도서관의 열람 좌석은 입시를 위한 최적의 공간으로 활용된다.'[100]라고 이연옥은 분석하고 있다.

하지만 더 근본적인 원인은 일제강점기를 거치면서 공공도서관이 사상통제 수단으로 악용되었다는 데 있다. 일제가 사회주의 사상과 노동운동을 탄압하기 위해 만든 '치안유지법'은 공공도서관에서 이용자들이 다양한 지식과 사상을 만날 기회를 빼앗아가 버렸다. 이 법은 이승만과 박정희 독재정권을 거치면서 '국가보안법'으로 여전히

---

99) 「"서고 자물쇠 채운 도서관 많다." 공공도서관 연구가 엄대섭 씨 전국 돌며 실태조사」, 《동아일보》, 1986.2.11.
100) 이연옥, 앞의 책, 138쪽.

살아남아 개인의 사상을 통제하고 있었다. 여기에 입시 중심 환경이 더해졌다고 볼 수 있다. 대부분 공공도서관이 폐가제로 운영되고 있었기에, 이용자는 자료에 대한 자유로운 접근이 불가능했던 현실이 이것을 증명한다. 무엇보다 단순 열람 신청만으로 기록이 남기 때문에 이용자는 새로운 사상과 자료에 신중히 접근해야 했던 것이 현실이었다. 그렇지만 대한도서관연구회가 활동할 때도 여전히 군사 독재정권이 자리를 잡고 있어 '사상의 자유'를 전면에 내세울 수 없었다. 이에 따라 연구회에서는 현실적인 문제인 '자료 이용과 접근의 어려움'을 내세워 문제를 해결하려고 했다.

그 무렵 '공공도서관에 대한 사회적 요구는 도서관 건물과 좌석에 머물러 있었고, 현실 또한 이러한 수준에서 크게 벗어나지 않는 범위에서 봉사를 해왔기에 도서관이 공부방이라는 인식은 고착화되었다.' 그때 대다수 공공도서관의 일반적인 모습은 '개관시간 중에도 서고에 자물쇠를 채워 둔다', '서가에 이용자가 접근할 수 없다', '열람용 목록카드가 없다', '관외 대출을 하지 않는다', '구입 도서의 선택이 제멋대로다', '자료 가치가 없는 낡은 책으로 권수를 채운다', '잡지 구입은 아예 하지 않고 기업광고 책자로 메우고 있다'[101] 등으로 묘사된다. 다시 말해 도서관은 폐가제로 운영되고 관외 대출은 금지되어 있으며 자료의 구성과 수서도 일관성이 없고 단지 학생들에게 좌석을 빌려주는 공간으로 활용되었다.

---

101) 엄대섭, 「대출과 개가는 공공도서관의 기본: 중소도서관에서는 결심만 하면 당장 시작할 수 있다.」, 《오늘의도서관》 4호(1985.7.1), 1쪽.

도서관 자료의 개가와 관외 대출을 금지하는 것은 바로 "도서관을 '이용자' 입장에서 운영하지 않고 '사서 입장'에서 안이하게 운영하는 데 기인한다."[102] 이는 바로 현대 도서관 봉사의 근본이념을 제시한 랑가나단 '도서관 5원칙' 중 책은 이용하기 위한 것(Books are for use)'이라는 제1법칙, 즉 도서관은 책의 보존과 관리를 위해 존재하는 것이 아니라 이용하기 위해 존재한다는 정신을 정면으로 거스르는 것이다. 또한, 그 무렵 도서관 봉사척도는 오로지 좌석 수와 입관자 수였으며 개가와 대출을 금지함으로써 공공도서관 스스로 열람 테이블과 좌석 같은 시설 공급에만 급급하여 '공부방'을 자초하였다.

이에 따라 대한도서관연구회는 끊임없이 기관지《오늘의도서관》에서 폐가제의 부당성을 제기하고 도서관에서 개가제 및 관외 대출할 것을 촉구하였다.

기존의 우리 공공도서관에서는 그동안 국민들이 도서관을 이용하는 데에 부지불식간에 어떤 불편을 주어 오지는 않았는지 잘 생각해 보아야 할 것이다. 전국의 공공도서관 현장을 남김없이 순방하면서 필자가 본 바로는 우리나라 공공도서관들은 적지 않은 불편을 이용자들에게 주고 있었다. 그중에서도 가장 심각한 일은, 얼마간의 도서나마 그것을 서고 속에 '가두어' 두기를 예사로 하고 있다는 사실이었다. 이것은 공공도서관의 본질에 어긋나는 일이며 그 기능에 역행하

---

102) 이용남, 「개가·대출은 공공도서관의 기본 조건: 이용자 위주의 봉사로 도서관 운영에 정상화를」,《오늘의도서관》 8호(1986.3.20), 5쪽.

는 노릇이다. … 우리나라의 공공도서관들이 장서의 분실이니 관리의 곤란이니 하는 따위의 고식적인 구실을 내세워 국민의 '불편'을 도외시하던 구태의연함을 벗어던질 시기는 바로 이때라고 믿어진다. 그런 의미에서 우리의 공공도서관은 바야흐로 그 체질 개선을 위한 역사적인 전환점에 서 있는 것이다. 시기를 잃으면 발전의 대열에서 낙오될 것이다. 우리는 다시 한 번 공공도서관 정상화의 기본요소인 '개가'와 '대출'을 간곡히 촉구한다.[103]

또한, 언론을 통해 도서관 환경개선 노력을 했는데, 이것은 조금씩 성과를 얻어 KBS 시사 고발 프로그램인 '추적 60분'에 보도됨으로써 사회적 지지를 얻을 수 있었다.

이러는 사이 공공도서관들은 조금씩 개가제로 바꾸고 관외 대출을 늘려나갔다. 국립중앙도서관 분관, 정독도서관, 남산도서관, 동대문도서관, 용산도서관, 종로도서관, 인천시립중앙도서관, 울진군립도서관, 진해시립중앙도서관, 경기도립 수원도서관 등이 개가제와 관외 대출제를 채택했다. 춘천시립도서관, 울산시립도서관, 김해도립도서관 등은 개관과 동시에 개가제를 채택하고 관외 열람을 기본으로 하는 도서관 서비스를 실시하였다.[104] 이렇게 전개된 개가제 및 관외 대출운동은 몇몇 도서관에서 시도[105]되었고 곧 전국적으로 퍼

---

103) 엄대섭, 「다시 한 번 개가·대출을」, 《오늘의도서관》 8호(1986.3.20), 1쪽.
104) 대한도서관연구회, 《오늘의도서관》 4호(1985.7.1) - 8호(1986.3.20) 참조.
105) 그러나 당시 관외 대출은 지금처럼 완전한 관외 대출이 아니었다. 별도의 관외대출실을 만들어 열람 전용과 관외 대출 전용 도서를 구분해 놓았다.

지게 되었다.

　대한도서관연구회의 개가제 및 관외 대출운동에 대해 이연옥은 다음과 같이 평가하고 있다.

　　개가 및 관외 대출운동은 이용자에게 통제를 가하는 도서관의 전근대적 관리체제가 가지는 문제점을 개선하려는 시도였으며, 동시에 도서관의 책은 이용하기 위해 존재한다는 명제에 충실하며, 이용자 우선의 가치를 도서관 현장에 실현하기 위한 당시 도서관인의 노력이었다. 바로 이는 도서관 운영의 전근대성을 개선하여 학생들의 공부방에서 시민들의 자료 공간으로 거듭나기 위한 현장의 실천적 운동이었다.[106]

　이렇게 공공도서관이 현재의 모습으로 자리를 잡게 된 것은 바로 대한도서관연구회의 '개가제 및 관외 대출운동'을 통해서 실현된 것이다. 더불어 최소한 관내 열람만큼은 이용자의 열람기록이 남지 않아 도서관에서 좀 더 다양한 사상의 자유를 보장할 수 있게 되었고, 이것은 공공도서관의 기본 정신에 다가가는 큰 발걸음이 되었다.

---

106) 이연옥, 앞의 책, 142쪽.

13. 푼돈이지만 부담스러운 돈
- 입관료 폐지운동

공공도서관의 입관료는 일제강점기부터 있었던 것으로, 1963년 제
정된 도서관법 제8조 '공공도서관은 그 이용자로부터 사용료를 받을
수 있다'는 도서관 사용료 규정에 따라서 입관료를 받아왔다. 1980
년대 공공도서관은 입관료를 1인당 50원에서 100원까지 받았다. 하
지만 이 입관료는 도서관 운영에는 실질적인 도움을 주지 못한 채

公共圖書館育成에 관한
建 議 書

1986. 11.

大韓公共圖書館研究會

공공도서관 육성에 관한 건의서

이용자의 이용 의욕만 떨어뜨리는 요인
가운데 하나였다. 입관료가 운영에 도움
이 되지 못한다는 것은 "안동시립도서관
의 연간 운영비는 4,600여만 원이며, 입
관료 수입은 연간 990여만 원으로 연간
3,600만 원의 결손을 보는 독서실을 운
영하고 있는 셈이다."[107]라는 말을 통해

---

107) 대한도서관연구회, 《오늘의도서관》 3호(1985.5.1.), 2쪽.

단편적으로나마 알 수 있다.

한편으로 우리나라 공공도서관에서 입관료 징수의 본질에 대해서는 김포옥의 글에서 그 성격이 잘 나타난다.

> 이 열람 요금은 예나 지금이나 도서관 운영에는 별로 도움을 주지 못하면서 도서관을 찾으려는 일반인의 심리를 저하시키는 중요 요인의 하나로 나타난다.…… 이러한 유료 열람제도도 일제 치하에서 조선인이 경영하던 사립도서관에서는 거의 시행되지 않았던 사례들이라 하겠다.[108]

일제강점기에 우리 선각자들이 운영하던 사립도서관은 개인의 사재와 후원금을 받아서 도서관을 운영할지언정 직접 이용자들에게 입관료를 받지 않았다. 일제의 도서관 열람료 유료화 정책은 도서관 이용 심리를 떨어뜨리는 것이 중요한 목적이었다는 것을 알 수 있다.

이에 따라 대한도서관연구회에서는 입관료 폐지 운동을 본격적으로 벌여나갔다. 도서관 공공비용의 원칙을 주장하고 입관료 징수를 반대하는 목소리가 높아지자 먼저 국립중앙도서관에서 1983년 2월 입관료 폐지를 결정했다.[109] 뒤를 이어 울진군립도서관, 봉화군립도서관이 지역에서 입관료를 폐지했고, 서서히 전국적으로 퍼지기 시

---

108) 김포옥, 「철도도서관에 관한 고찰: 특히 일제하의 도서관 봉사활동을 중심으로」, 《한국도서관정보학회지》 9호(1982.12), 73쪽.
109) 국립중앙도서관, 「국립중앙도서관 자료집: 1973-1983」, 1983, 181쪽.; 이연옥, 앞의 책, 145쪽에서 재인용.

작했다. 1987년에 도서관법을 개정하면서 입관료를 폐지시키려 했으나 실패하고, 결국 '지방자치단체의 조례에 정하도록 한다.'는 수준에서 그쳤다.

　이러한 움직임 속에 공공도서관은 9월 독서의 달, 4월 도서관 주간 등 특정 행사를 기념해서 입관료 무료화를 부분적으로 시행하다가, 1991년 도서관진흥법에서 입관료가 법적으로 사라짐에 따라 1992년 1월부터 입관료가 완전히 폐지되었다.

14. 도서관, 본연의 역할로 바뀌어야
   – 도서관법 개정 운동

　　1955년 4월 16일 한국도서관협회가 다시 창립하면서부터 도서관인들은 도서관 발전을 위해 가장 먼저 도서관 입법을 추진했다. "협회는 창립 이튿날 개최된 이사회에서 엄대섭, 박희영에게 초안 작성을 위임하였고, 5월에는 간단하나마 4장 13개 조로 이루어진 제1차 초안을 마련하였다."[110]라는 말처럼 우리나라 도서관법은 엄대섭과 함께 시작되었다. 이 초안을 바탕으로 여러 번 수정 보완을 거쳐 입법을 추진했으나, 여러 가지 정치 사정으로 제정되지 못하다가 1963년 10월 5일 마침내 도서관법이 제정되었다.

　　하지만 이 법은 도서관 설치와 운영의 합법적인 근거를 마련했다는 것 말고는 큰 의미를 지니지 못하는 상징적인 법이었다. 따라서 한국도서관협회를 중심으로 한 도서관인들은 도서관법 개정을 위해 애를 썼지만 1980년대 중반까지 20년 넘게 개정되지 못하고 있었다.

---

110) 이병목, 『도서관법규 총람』, 1권, 구미무역 출판부, 2005, 8쪽.

대한도서관연구회 회비 영수증

엄대섭은 도서관법이 현실에 맞게 개정되지 않고 사문화되면서 나타나는 네 가지 문제점을 지적했다. "첫째, 개가식·폐가식 도서 선택에 따른 도서관의 전 근대성, 둘째, 관명과 관장의 전문성 확보를 위한 사서직 관장의 필요성, 셋째, 빈약한 도서와 자료 문제 해결 방편으로 이용자에게 필요한 자료 구입을 위한 충분한 예산 확보, 넷째 신축 도서관의 열람석 본위의 설계 문제점"[111] 등 조목조목 제시하며 도서관이 제 기능인 자료 열람 및 이용에 걸맞은 도서관으로 개혁되어야 한다고 강조하였다. 도서관법 개정을 통해 문교부와 내무부로 흩어져 있던 도서관 행정담당 부서를 문화공보부로 일원화할 것을 주장했다.

이러한 노력 끝에 1963년 도서관법이 처음 제정된 지 무려 24년 만인 1987년에 개정되었다. 도서관법 개정에는 많은 도서관인들의 노력도 있었지만, 어떤 곳보다 대한도서관연구회가 꾸준히 언론과 정부 관계자, 그리고 국회의원들에게 도서관법 개정의 필요성을 알

---

111) 엄대섭, 「도서관 행정 부재의 현황과 그 대책」, 《오늘의도서관》 4호(1985.7.1), 2-4쪽.

려 나가는 등 그 역할이 컸다. 이 무렵 활동에 대해서는 아랫글에 잘
나타나고 있다.

1987년의 도서관법 개정작업은 11대, 12대(1981-1988년) 전국구 국
회의원인 김현자 의원(전 YWCA 부회장)의 공헌이 컸다. 당시 김현자
의원은 그의 보좌관인 홍양희(성균관대학교 사서교육원 출신)의 제안으
로 법 개정 작업을 시도하게 된다. 그 전에 한국도서관협회, 대한도서
관연구회에서 줄곧 국회를 방문하여 법 개정을 위한 여러 작업을 추
진하는 등 도서관계의 노력과 시도들이 한참 진행되고 있었으나 가시
적 성과는 나타나지 않고 있었다.

도서관법 개정작업에 대한 관심을 갖게 된 김현자 의원 진영은
1985년경에 국립중앙도서관 분관에 위치한 대한도서관연구회 사무
실을 찾아오게 된다. 이렇게 해서 대한도서관연구회 엄대섭 회장, 조
원호 분관장을 비롯한 도서관계의 주도적인 노력과 김현자 의원의 지
원을 바탕으로 1-2년 동안 국회에서 물밑작업을 하면서 법 개정에
대한 압력을 행사하였다. 이러한 작업이 축적되자 1986년에 이르러
문교부가 법 개정을 수용하게 된다.[112]

개정된 도서관법에 대해 대한도서관연구회 상임이사로서 노력을
많이 한 조원호는 "도서관 업무의 현대화를 꾀하는 한편 국·공립 도

---

112) 이용남, 한성대학교 문헌정보학과 교수와 전화 인터뷰, 2001.5.15. 12:00.; 이연옥,
앞의 책, 127-128쪽에서 재인용.

서관의 설치의무를 강화하고, 공립도서관의 운영 재원을 지방자치단체의 '일반회계'로 명시하였다는 점에서, 또한 '관장직의 전문화를 시사하고, 도서관 운영의 효율화를 위해 도서관마다 운영위원회'를 두도록 하는 등 공공도서관의 활성화를 위한 노력이 돋보였다."[113]며 자평하고 있다.

하지만 여전히 공공도서관에 대한 지도 감독 체계가 일원화되지 못한 점, 입관료가 법적으로 완전히 폐지되지 못한 문제점을 안고 있었지만, 이를 계기로 1990년대 들어 도서관법은 현실에 맞게 꾸준한 개정을 거쳐 오늘에 이르고 있다.

---

113) 조원호, 「긴 잠에서 깨어난 도서관법」, 《출판저널》 1987.11.20. 16-17쪽.

15. 우리 도서관은 몇 등급일까?
- 공공도서관 평가 작업

　요즘에는 해마다 한국도서관협회에서 공식적으로 평가 작업을 하고, 10월에 열리는 전국도서관대회를 통해 우수 도서관에 대해 시상을 하고 있지만, 공공도서관 평가 작업을 처음 시도한 것도 대한도서관연구회이다. 엄대섭이 공공도서관 평가 작업을 시도하게 된 가장 큰 이유는 2년 동안 전국 160여 개 공공도서관을 직접 방문하며 얻은 실태조사 결과라고 할 수 있다. 대한도서관연구회의 공공도서관 평가 관련 내용은 기관지 《오늘의도서관》 5호에 집중적으로 나와 있는데, 아래와 같이 평가의 목적에 대해서 밝히고 있다.

　　현재의 주어진 여건에서나마 무엇부터 어떻게 고쳐 나가야 하겠는가 하는 공공도서관 운영 개선의 방향을 제공하는 나침반의 구실을 하고 서로 견주어보는 자(尺) 구실을 하는 데 목적이 있다. 앞으로 중앙 부처에 도서관국이나 과가 생겨 도서관이 행정이라는 틀에 얽힐

공공도서관 평가

때까지 전국의 공공도서관은 이 평가제도 기준 마련과 그 운영에 적극 참여하여 좋은 의견을 제시하시고 또 적극 활용할 것을 당부하고 싶다."[114]

평가 시안도 마련했는데 그 내용을 살펴보면, 자료 구입비와 증가량, 관장의 사서직 여부, 독서 교실 운영, 직원 가운데 사서직의 비율은 요즘 평가 기준과 같은 항목이다. 다만 그 무렵 현실을 반영한 것으로는 관외 대출제 시행 여부, 개가제 여부 등이 눈에 띄는 항목[115]이다.

도서관 평가 작업에 대해 도서관 현장에서는 다양한 반응이 있었다. 대한도서관연구회 간사였던 정선애는 다음처럼 그때 상황에 대해 말하고 있다.

전국 공공도서관 평가를 해서 자극을 주고자 하셨던 것 같아요. 공공도서관의 기본 업무를 관외 대출, 서고 개방, 사서직 관장, 문화 행사 등 분야별로 나눠서 업무 수행 정도에 따라 기준점수표를 만들어 놓고 거기에 맞추어 점수를 부여하는데, 회장님께서 전국 도서관을 순회하시면서 조사해 온 자료를 기초로 하고, 부족한 것은 국립중

---

114) 엄대섭, 「공공도서관 평가는 관 운영의 나침반」, 《오늘의도서관》 5호(1985.9.1), 1쪽.
115) 위의 자료, 3쪽.

앙도서관 공공도서관협의회에서 나오는 통계조사를 참고해서 점수를
줘서 총점을 가지고 등급을 매겼습니다. 그래서 전국 도서관 지도를
벽면에 꽉 차게 만들었는데 그렇게 큰 지도가 없으니까 전지 9장을
이어서 직접 도서관 지도를 그려서 붙여 놓고 평가 표시를 등급에 따
라 꽃 색깔과 모양을 다르게 꽂아서 A등급, B등급 C, D등급으로 구
분해서 한눈에 등급을 알 수 있게 했습니다. 그때 이 평가가 전국에
서 처음이었기 때문에 등급 보러 오시는 분들도 많았습니다.[116]

또한, 이런 평가에 대한 현장의 반발도 많았다. "공인기관도 아니
고, 개인이라 할 수 있는 연구회에서 자의적 기준(관외 대출제와 개가
제)에 따라 배점이 제각각이고, 그동안 언론을 통해 자신들을 공격
해 온 연구회를 좋게 보지 않았던 것"[117]이라고 이용남은 말하고 있
다. 하지만 이것은 공공도서관을 내적으로 압박하여 질적인 성장을
가져온 밑거름이 되었다고 할 수 있다.

이렇게 평가 작업을 거친 도서관 가운데 모범 도서관이나 활동가를
선정 시상하기 위해 장기려 박사가 자신에게 붙여준 호인 '澗松'을 따
서 '간송도서관문화상'을 제정하였다. '간송도서관문화상은 막사이사
이상 상금을 기금으로 제정한 상'[118]으로 이 상은 한국 도서관사에 유
일하게 '공공도서관 발전에 한정한 상'이었다는 데 큰 의미가 있다.

---

116) 정선애(전 대한도서관연구회 간사, 현 서울 관악문화관 도서관 사서과장), E-mail
　　 인터뷰, (2012.11.5).
117) 이용남과 대면 인터뷰, 2011.9.2. 11:00~16:00, 자택.
118) 대한도서관연구회, 「제2회 간송도서관문화상」 자료, (1987.10.29).

제1회 간송도서관문화상 시상식　　　　간송도서관문화상 시상식 초대장

제1회 수상자는 '1986년 10월 울진군립도서관의 이이종 관장'[119]
이었다. 이이종 관장과 울진도서관의 성과는 엄대섭이 2년 동안 전
국의 공공도서관을 돌아다닌 끝에 찾아낸 모범적인 사례로, 공공도
서관이 지역주민들의 삶의 질을 변화시킬 수 있다는 가능성을 보여
주고 있다. 이이종 관장은 1979년부터 개가제로 도서관을 운영했으
며, 개인재산을 털어 자동차를 구입하여 이동도서관도 운영했다.

이뿐만 아니라 도서관 안내 책자를 만들어 지역주민들에게 배포
하면서 도서관 이용을 홍보하고, 자신의 취미인 분재를 매개체로 도
서관으로 주민들을 오게 하고, 취미와 여가생활을 위해 찾아온 주민
들을 중심으로 독서회를 만드는 등 지역에서 공공도서관의 무한한
가능성을 몸소 보여주었다. 이에 대해 이연옥은 "이이종은 단위 도
서관에서 서비스 혁신은 결국 도서관 외부 환경의 변화를 유도하는
것이라 보고 이러한 믿음에서 우선적으로 단위 도서관을 개혁하고

---

119) 「"독서 여건 만들면 책 저절로 읽어" 1회 간송도서관문화상 받은 이이종 씨」, 《동아
일보》, 1986.10.23.

시민을 찾아가는 도서관 서비
스를 행하였다. 또한, 도서관을
학생들의 공부방만으로 인식하
는 지역사회 주민들을 대상으
로 도서관에 대한 새로운 인식
을 심어주는 운동을 전개하였
다."[120]라고 평가했다.

울진도서관에서 운영한 이동도서관

　제2회 수상자는 1987년 10월 단체상으로 '경기도립 수원도서
관'[121]이 받았는데, 간송도서관문화상 심사위원장이던 이봉순의 심
사보고에 따르면 "전 장서의 완전 개가, 관외 대출제 실시, 능률적인
이동도서관 운영, 구입 도서목록의 공개, 구입 희망도서의 신청접수,
학교 도서관 운영의 지도 등"[122]을 선정이유로 밝히고 있다. 이것은
행정직 관장이던 이선직을 중심으로 이루어졌는데 그 무렵 수원도
서관 상황에 대해 이선직은 다음과 같이 말하고 있다.

　　1983년 도서관장 취임 당시의 도서관계는 아주 열악한 상황이라 도
　　서관이라 하면 가기 싫고 거기 가보더라도 빛이 나지 않는 곳이기에 다
　　들 꺼려했다. 행정직들 사이에는 보통 좌천되는 자리로 인식됐다. 시간
　　이나 보내고 쉬는 곳으로 생각하는 것이 다반사였다. 도서관으로 보건
　　대 암흑기였다고 할 수 있다. 나 또한 좌천되어 도서관에 가게 된 경우

120) 이연옥, 앞의 책, 162쪽.
121) 「수원도서관 간송문화상」, 《동아일보》, 1987.10.27.
122) 대한도서관연구회, 「제2회 간송도서관문화상 자료」, 1987.10.29.

다. 처음 두 달 동안 허송세월했다. 그러나 생각해 보니 그게 아니었다. 뭔가를 해야겠다는 생각이 들었다. 그리고 도서관은 참 중요하다는 생각이 들면서 이런 후진 기관일수록 뭔가를 제대로 하면 빛을 볼 수 있을 것이라는 생각에 미쳤다. 뭔가를 해보려고 하니 예산이 전혀 없었다. 도서관 스스로 일하지 않으면서 돈을 지원해달라고 할 명분이 없었기에 우선 도서관이 먼저 변화를 해보자는 뜻에서 일을 진행했다. 제일 처음 해본 것이 관외 대출사업이다. 그 당시 도서관에서는 관외 대출이 전혀 안 되고 있었는데 파격적으로 2주 다섯 권, 절차 없이 간단하게 빌려주는 일을 시작했다. 누구나 손쉽게 책에 접근할 수 있도록 하는 관외 대출사업을 착수하는 것으로 도서관개혁을 시작했다.[123]

이렇게 대한도서관연구회의 활동이 어느 정도 결실을 볼 1987년 말, 엄대섭은 건강이 나빠져 치료를 위해 아들이 있는 미국으로 가면서 대한도서관연구회 활동도 중단되었고, 간송도서관문화상도 2회를 끝으로 더 진행되지 못했다. 그 뒤 2004년 문화예술발전 유공자로 은관문화훈장을 받았으며, 2009년 2월 5일 미국 LA에서 89세의 나이로 별세했다.

엄대섭 선생과 이용남 교수 부부
(LA 근교 안창호 선생 동상 앞)

123) 이선직 경기도교육위원회 위원(전 경기도립 수원도서관장)과 면담, 2000.07.19. 10:00~12:00, 수원관광호텔 커피숍.; 이연옥, 앞의 책, 163-164쪽에서 재인용).

III. 엄대섭이 생각한 **공공도서관**

일제강점기 청년사회단체의 도서관 설립 운동부터 강진국과 이재욱의 농촌문고 운동까지 농촌 계몽을 위한 도서관운동이 무수히 일어났지만 눈에 띄는 성과를 얻지 못했다. 여기에 엄대섭이 한국도서관협회를 창립하고 문교부와 함께 벌인 50년대 농촌 책 보내기운동의 실패도 거울삼아 마을청년회나 4H 청년회 같은 농촌 청년조직을 활용하여 마을문고를 고안하고 운영 주체로 나설 수 있게 했다. 그리고 80년대까지 지지부진하던 공공도서관 문제를 해결하기 위해 대한도서관연구회에서는 대규모 인력과 조직을 활용할 수 없는 현실에서 언론과 정부 기관에 대한 끊임없는 설득을 벌여 나갔다.

이러한 그의 활동에서 우리가 무엇보다 먼저 기억해야 할 것은 우리나라에서 처음으로 공공도서관에 '경영'이란 개념을 도입한 인물이란 것이다. 또한, 멀리 내다보고 우리나라 공공도서관이 발전해 나아가야 할 방향을 제시하고 평생 실천한 선각자였다. 무엇보다 엄대섭의 실천과 활동은 한 가지 현실을 개혁하려는 노력에 머무르지 않고, 우리나라 국민의식과 생활 수준에 맞는 공공도서관을 세우려고 한 이론가이기도 하다.

따라서 마을문고와 대한도서관연구회 활동에서 엄대섭이 생각한 공공도서관이 무엇인지 알아보자.

1. 스스로 만들고 키워나가는 도서관

1) 풀뿌리 작은도서관이 밑거름이 되어

1970년대 말 마을문고 본부 사무국장이던 이용남은 마을문고의 이념에 대해 '민중도서관 운동, 지식 대중화의 구현, 적극적인 도서관 봉사(공공도서관 망의 최일선 거점), 소도서관 운동'[124]으로 정리했다. 이 네 가지 이념은 아래처럼 풀이될 수 있다.

첫째 '민중도서관 운동'은 '외부에서 만들어 주는 조직이 아니라 주민들 스스로 만들어가는 자율적인 조직'이란 뜻에서 큰 의미가 있다. 자율적으로 만든 마을문고는 외부의 간섭 없이 그 상황에 맞게 자율적으로 운영할 수 있다. 따라서 모든 주민이 도서관의 주인인 동시에 이용자며, 직원 구실을 하는 문고회가 이를 운영하는 '민중에 의한 민중의 도서관운동'이요, '상향식 대중 도서관운동'[125]이다.

둘째 '지식 대중화의 구현'은 정보 격차 해소 차원에서 추진했다.

---

124) 이용남, 「마을문고의 이념과 원리」, 《국회도서관보》 139호(1979.4), 66−67쪽.
125) 새마을운동중앙본부, 『새마을문고 운영 실무』, 새마을운동중앙본부, 1983, 23쪽.

마을문고 운동을 처음 시작할 무렵엔 주요 산업이 1차 산업인 농·어업이었고 인구 구성 비율 면에서는 지금처럼 도시와 농촌의 격차는 크지 않았지만, 정보 접근성이 도시와 비교해서 상대적으로 많이 떨어져 있었다. 이를 해소하기 위해 '알 권리, 읽을 권리를 스스로의 힘으로라도 쟁취해야겠다는 민권의식을 구현하기 위한 구체적인 방안'[126]으로 마을문고를 생각했다. 다시 말해 공공도서관이 가진 기본요소인 '정보 공유(이용자 중심)'와 '자유로운 정보 접근권 보장(지적 자유)'에 대해서 확실히 인식하고 있었다.

셋째 '적극적인 도서관 봉사(공공도서관 망의 최일선 거점)'는 민중 속에 도서관을 만드는 운동이었다. 마을문고가 건물이나 장서량과 같이 외형에 중심을 두기보다는 공공도서관의 본질에 초점을 두고 있다는 것을 말한다. 주민공동시설인 마을회관에 주로 설치된 마을문고는 자유로운 접근을 통해 적은 양이라도 주민들이 필요로 하는 자료를 편하게 볼 수 있게 하는 것이다.

그 무렵 공공도서관은 주거지역과 떨어진 곳에 있어서 접근이 어려운 곳이 많았고, 소장하고 있던 자료도 열람이 까다로운 폐가제로 운영되고 있었다. 이렇게 된 것에는 여러 가지 원인이 있으나 가장 큰 것은 도서관을 통해 자료를 이용하고 활용하는 습관이 지역사회에 제대로 뿌리내리지 못했다는 것이다. 이때 마을문고는 규모가 작았기 때문에 개가제 형태로 자유롭게 이용할 수 있었으며, 또한 자

---

126) 이용남, 앞의 글, 67쪽.

료 이용 면에서 스스로 대출 대장에 기록하거나, 문고 회원들의 관리 아래 자유롭게 이용할 수 있었다. 이렇게 주민들의 독서습관이 형성된다면, 자연스럽게 의식은 자라고, 또 이것을 지역 공공도서관과 연결해서 공공도서관 정보봉사 망의 거점으로 활용될 것으로 생각했다.

넷째 '소도서관 운동'은 공공도서관이 절대적으로 부족했던 시절에 마을문고가 자라서 공공도서관이 만들어지도록 유도하는 운동이었다. 이렇게 만들어진 공공도서관은 지역 정보자료센터로 역할을 할 수 있게 하고, 공공도서관이 지역 곳곳에 밀착 봉사를 할 수 없는 문제점을 보완하기 위해, 다시 마을문고가 공공도서관의 지원을 받아 봉사 거점인 배본소나 기탁소 역할을 하도록 생각한 작은도서관 운동이었다.

2) 책으로 민중이 눈뜨는 날

마을문고의 목표는 1966년 창립 5주년을 기념하여 유공자에게 준 마을문고 공로장 메달 뒷면에 새겨 넣은 "책으로 민중이 눈뜨는 날 이 한 조각 구리쇠는 어찌 순금에 비기리"[127]란 말로 집약될 수 있다. 이 말은 마을문고가 그 무렵 가장 급한 과제였던 문맹 퇴치와 함께 책 읽는 습관을 기르면 자연스럽게 삶의 질이 높아질 수 있는

---

127) 새마을문고중앙회, 앞의 책, 8쪽.

밑거름이 될 것이라는 믿음에서 온 것이다.

한편 김종천은 마을문고의 목표를 초기 총무부장인 강홍종의 글을 인용하여 '문맹 퇴치, 문고 키우기, 생활교육'[128]으로 정리했다.

여기서 첫 번째 목표로 꼽고 있는 '문맹 퇴치'는 그 무렵 사회교육이 가지고 있던 가장 중점적인 과제였다. 앞서 일본이 개화기 때 50%가 넘는 국민이 글을 깨치고 있었던 것이 개화를 앞당기는 원동력이었던 것을 볼 때, 우리나라는 세계에서 가장 우수한 문자인 '한글'을 가지고 있었지만, 해방 무렵까지 70%가 넘는 엄청난 문맹률은 큰 문제였다. 따라서 50년대 '농촌문고'의 초점이 문맹 퇴치에 있는 것이 당연했지만, 쉽게 성공하지 못했다.

엄대섭이 마을문고를 통한 문맹 퇴치에 관심을 가진 이유는 책을 읽고 선진기술과 문화를 습득하려면 글을 깨치는 것이 꼭 필요하기 때문이었다. 그리고 문맹 퇴치를 위해서 가장 효과적인 방법으로 '재미있고 흥미 있는 책'을 선택했다. 책에 흥미를 느껴야 글을 깨친 이들이 다시 책을 찾아 읽고 그것을 거듭하는 가운데 글을 잊어버리지 않게 되며, 독서는 새로운 지식을 얻는 중요한 수단이기 때문이다.

두 번째, 문고 키우기는 단순히 문고 설치에만 그쳤던 '농촌문고운동'에 대한 중요한 보완책이었다. 시설과 설비를 꾸준히 확장해 나가면서 주민들 스스로 키워나가는 조직으로 마을문고의 목표를 잡았다. 마을문고가 주민의 일시적인 관심에 머무는 것이 아니라, 생활

---

128) 김종천, 「마을문고지를 통해 본 새마을문고 운동」, 《새마을연구》 8호(1991.12), 12쪽.

속에 함께하는 것으로 자리 잡기 위해서는 꼭 필요했다. 실제로 이러한 문고를 이웃 마을에 전파하는 '문고 시집보내기'를 통해 마을문고가 주민들의 자발적 노력으로 확장되기도 했다.

독서하는 청년들

세 번째, 생활교육은 지역사회 평생교육의 기반을 조성하려는 것이었다. 마을문고의 운영 주체는 마을의 젊은 청년들이었고, 이미 있던 조직인 '4H회', '재건청년회' 등 여러 조직에 속해 있던 이들이 대부분이었다. 이들은 젊었기 때문에 상대적으로 지역사회 문제와 생활환경 개선에 적극적으로 나설 수 있었다. 이 마을 청년들이 중심이 되어 책을 읽고 새로운 지식을 받아들이고, 그 지식을 바탕으로 지역사회를 변화 발전시키는 실천적인 생활교육 공간이 되며, 나아가 지역사회 평생교육의 기반으로 마을문고가 자리 잡을 수 있도록 하는 것이다.

3) 제자리 잡아가는 공공도서관

대한도서관연구회는 마을문고 운동처럼 많은 활동가와 함께한 대중운동단체는 아니었고, 1987년 말 엄대섭의 건강이 나빠지면서 활동 자체가 중단되어서 그 의미를 '엄대섭에 의한 엄대섭의 활동'으로 축소해서 보는 시각이 있을 수 있다. 그러나 엄대섭과 몇몇 개인의 활동으로 치부해 버리기엔 짧은 기간에 많은 성과를 낳았다. 이연옥은 이러한 대한도서관연구회 활동에 대해 아래와 같이 평가하고 있다.

> 대한도서관연구회를 중심으로 진행된 도서관운동은 당시 도서관의 상황과 단계에 맞는 아주 구체적이면서 실천적 운동으로서 도서관 현장을 근대화하는 실질적인 성과를 남겼다. 대한도서관연구회는 1980년대 공공도서관 운동의 거점이며 도서관 운영의 근대화를 이끌어간 핵심 조직으로 존재한다.[129]

대한도서관연구회 활동으로 이동도서관, 개가제 및 관외 대출, 입관료 폐지, 도서관법 개정 등이 자리 잡거나 실현되었다는 것은 우리나라 공공도서관 운동사에 중요한 의미를 지닌다. 이러한 결과가 나올 수 있었던 중요한 원인을 세 가지로 들 수 있다. 첫째, 정확한 실태 분석과 현장조사를 바탕으로 도서관의 문제점을 알려내고 이에 대한 대안도 설득력 있게 제시했다. 둘째, 뜻을 같이하는 현장 활동가들과 후원자들을 만나면서 활동을 뒷받침하는 것과 함께 적극적인 후원도 끌어냈다. 셋째, 국회와 행정부같이 관련법을 제정하고 법과 예산을 집행하는 기관을 찾아가 꾸준히 청원하는 등 모든 수단을 동원하여 열정적으로 활동했다는 점이다.

하지만 이런 노력에도 오랫동안 바뀌지 않았던 공공도서관은 공

---

129) 이연옥, 앞의 책, 147쪽.

부방이라는 인식은 2003년 MBC 예능프로그램 《느낌표》의 '책책책, 책을 읽읍시다'란 코너에서 "기적의 도서관 프로젝트"라고 불리는 "어린이 도서관 건립 프로젝트"를 통해 큰 변화를 가져왔다.

실제로 이 프로젝트가 시작되기 한 해 전인 2002년 문을 연 경기도 부천시 꿈빛도서관은 개관할 때 독서실이라 불리는 공부방이 없었지만, 지역주민들의 거센 반발로 뒤늦게 칸막이 공부방이 설치되는 우여곡절을 겪었다. 이 문제는 공공도서관이 정보자료의 공간으로 인식되지 못하고 단순한 공부방으로 전락되었을 뿐만 아니라, 많은 공간을 공부방이 차지하고 정보 자료량의 증가에 따른 '공간 부족', 공부방 운영에 따른 '불필요한 운영비용 부담' 등의 문제로까지 파생되었다.

이것은 '어린이 전용'이란 이름으로 "기적의 도서관"이 대대적으로 세워지면서 비로소 공공도서관이 자료 이용 중심으로 바뀌었다. 또한, 공공도서관은 세금이 끊임없이 들어가는 데 비해 눈에 띄는 성과물이 보이지 않아서 별 필요치 않은 존재라는 지방자치단체의 인식을 바꾸어 놓았다. 프로젝트를 시작하던 2002년 말에 462개 관이었던 공공도서관이 4년 뒤인 2007년 말에는 600개 관으로 크게 늘었고, 이때부터 주민들 생활 속에 공공도서관이 자리 잡는 계기가 되어 약 20년이 흐른 2019년 말 현재, 전국에 1,134개 관으로 늘어나 이제는 주민들 생활 속에 공공도서관이 정보자료 이용과 주민 커뮤니티 공간이란 인식을 심어주었다.

그러나 아직 이루어지지 못한 것이 몇 가지 있다. 그 하나는 여전히 공공도서관 운영 주체가 '교육청'과 '지방자치단체'로 이원화되어 있어서 공공도서관 정책이 일관성 있게 추진되지 못하고 있을 뿐만 아니라, 1987년 24년 만에 도서관법을 개정하여 공공도서관의 관장을 전문직인 사서로 둘 수 있게 하였고, 1997년부터 강제 규정으로 바뀌었지만, 여전히 많은 공공도서관에서 일반직이 관장을 맡고 있다. 또한 최근 공공도서관 수가 크게 늘어났음에도 불구하고 전문 사서의 충원은 이에 따라가지 못하고 있어 여전한 문제점으로 남아 있다.

2. 엄대섭의 비영리단체 경영관

　의사이자 유명한 강연자, 저술가인 박경철은 오래전 한 텔레비전 프로에 나와서 "나는 어디서 무얼 하든지 의사라고 생각한다. 심지어 주식투자 분석을 할 때도, 대중 강연을 할 때도 의사로서 생각한다. 무엇보다 어려운 문제가 생겼을 때 그것을 그 자체 문제만으로 보지 않고 의사로서 보면 문제가 풀린다."라고 말했다. 반면 엄대섭은 "나는 장사꾼이다."라는 말을 자주 했다. 어렵고 힘들었던 청소년기에 그는 사업으로 크게 성공했고 그 성공에는 책이 있었다. 따라서 그는 모든 일에 '장사꾼'이라는 마음으로 일을 했다.

　일반적으로 '장사꾼'이라고 하면 뭔가 이득을 남기기 위해 노력하는 이로 생각할 것이다. 물론 그는 단편적으로 겨울철 난방비 절약, 이면지 사용, 불필요한 물자 절약 등을 통해 사업비를 줄이기도 하고, 직원들의 서비스 정신을 고취하기 위해 은행 창구 견학, 직원 극기 훈련 같은 것을 하기도 했다.

　하지만 왜 엄대섭은 이득은커녕 사회에서 '돈 먹는 하마, 세금 먹

는 하마'라고 인식되는 '마을문고와 공공도서관에 평생을 바쳤을까!'
라는 생각을 해볼 필요가 있다. 여기에 대한 답은 세계적인 경영학자
인 피터 드러커의 말을 통해 알 수 있는데, "비영리단체는 사람을 바
뀌게 하는 전문 직업단체인 셈이다. 그들의 제품이란 병이 완치된 환
자, 교육받은 아이, 훌륭한 성인으로 자란 청소년, 한마디로 변화된
인간 모두라고 말할 수 있다."[130]라는 말처럼 경영이란 것이 영리를
목적으로 할 때는 이익을 추구하지만, 공공도서관처럼 공적인 영역
에서는 많은 이용자에게 질 좋은 정보 서비스 혜택이 돌아갈 수 있
도록 하는 것이다. 장사꾼 엄대섭이 마을문고와 대한도서관연구회
를 통해 팔려고 했던 상품은 바로 "도서관과 책을 통해 얻은 정보로
삶의 질이 향상된 우리 민중"이었다.

엄대섭이 단순한 운동가로 머무르지 않고 마을문고와 공공도서관
이란 비영리단체 운영에 경영의 개념을 도입한 선각자의 면모는 이용
남의 '마을문고 운동의 추진 전략과 분석적 고찰'이란 글을 통해 알
수 있다. 이것은 엄대섭과 함께 평생을 마을문고 운동을 한 이용남이
마을문고 운동을 경영의 관점으로 본 분석과 평가이기도 하다.

먼저 '마을문고 설치·육성을 위한 전략과 행태'[131] 면에서 다음과
같이 네 가지로 나누고 있다.

첫째, '소규모라도 농어민에 가깝게'란 것은 독서습관이 형성되어

---

130) 피터 드러커 저, 『비영리 단체의 경영』, 현영하 역, 한국경제신문사, 1995, 15쪽.
131) 이용남, 「마을문고운동 추진 전략과 행태에 대한 분석적 고찰: 새마을운동 체제로
    의 통합 이전까지를 중심으로」, 《한국문헌정보학회지》 36권 1호(2002.3), 92−98쪽.

있지 않고, 도서관 이용 경험도 부족한 당시 상황에서 책에 대한 자연스러운 접근 기회를 주기 위한 것이었다. 또한, 그 무렵엔 농·어촌이 자연부락을 중심으로 공동체 집단이 형성되어 있었다. 이에 자연부락을 단위로 문고가 설치되었을 때 효과가 극대화되리라 판단했다.

둘째, '문고함을 기본으로 하는 독서운동'은 그가 50년대 후반 추진했던 농촌 책 보내기운동의 실패 원인에 대한 해결책으로 제시한 것이다. 문고함과 독서회, 선정도서 이렇게 세 가지는 마을문고 구성의 기본요소였다. 여기서 문고함은 도서관 건물 구실을 하고, 독서회는 도서관 직원 역할을 하도록 한 것인데, 이것은 지역주민들이 마을문고를 운영할 때 정규 도서관의 축소된 형태로 인식하게 하는 것이다.

한편 문고함을 기본으로 한 운영 방법은 마을문고가 일시적으로 부실해지더라도 문고함이 존재하고 있으면 언젠가 다시 운영될 가능성을 만들어 두는 안전장치라는 긍정적인 면과 부실한 문고의 모습을 외부에 보여주는 대표적인 증거가 되기도 했다.

셋째, '양부터 늘리면서 질을 채운다.'에서 그는 전국 3만여 자연부락에 문고를 최대한 빨리 보급하도록 하는 양적 확대 우선 전략을 세웠다. 이 전략은 마을문고 운동 당시에도 부실한 문고를 많이 양산했다는 비판을 받았으면서도 그의 경영원칙을 가장 잘 보여주는 것이라 할 수 있다. 그는 '수력 발전소에 물이 가득 차야만 그 물이 터빈을 돌릴 수 있는 것처럼 방방곡곡에 마을문고가 있을 때 사회에서 도서관에 대한 인식을 바꾸어 공공도서관 시스템을 구축할 수 있다.'라고 생각했다.

넷째, '공공도서관 보완을 위한 과도기적 운동'은 우리 사회에 공공도서관이 절대적으로 부족한 상황에서 공공도서관 설립을 통한 전국민이 공공도서관 이용 혜택을 누리기는 어려웠다. 이에 마을문고는 지역의 공공도서관 설립을 이끌고, 공공도서관이 설립된 뒤에는 분관이나 기탁소로 공공도서관의 풀뿌리 거점망이 되는 과도기적 운동이었다.

하지만 "문고가 영세성을 면하기 어렵게 만든 구조적 요인으로 작용하였다는 점과 문고함 중심의 전략이 순기능과 함께 역기능을 동시에 보여주었으며, 마을문고 운동이 운동 추진 체제의 변혁으로 인해 아쉽게도 기회를 살리지 못했다"[132]는 비판적인 분석도 하고 있다.

한편으로 '사업 전개 방법상 전략과 행태'[133]는 엄대섭이 자주 말한, "나는 장사꾼이다."라는 것이 어떻게 비영리단체인 마을문고 운동에 적용되었는지를 나타내는 사례 분석으로, 그의 도서관 경영에 대한 원칙에 대해서는 다음과 같이 네 가지로 평가하였다.

　　1) 현실을 바탕으로 한 사업 전개 방침을 기본으로 하였다. 이는 대정부 관계에서 그러했고, 단체 대표를 추대하는 과정에서도 현실적이거나 실제적인 도움을 기준으로 삼았다.

---

132) 앞의 글, 107쪽.
133) 앞의 글, 99-107쪽.

2) 단체 운영의 재정을 마련하는 방법으로는 임원진들의 출연금으로 충당하는 전략을 견지하였는데, 이는 운동의 특성상 다른 방도는 현실성이 떨어지거나 운동의 본질이 훼손될 염려 때문이었다.

3) 마을문고 업무 소관 부처를 문교부에서 내무부로 이관한 전략의 배경에는, 문고 육성과정에서는 일선 행정과의 연계 등 몇 가지 이유로 인해 내무부가 유리하다는 판단 때문이었다. 그리고 마을문고 운동 조직의 새마을운동 체제로의 통합에는 소관 부처 이관의 결과와 새마을운동의 정치적 영향력이 크게 작용하였다고 할 수 있다.

4) 엄대섭 창설자의 업무관리 행태와 퍼스낼리티가 사업 전개 방법상의 전략에 영향을 미친 부분도 중요하다. 우선 그의 강한 추진력과 지구력이 특징적이며, 다음으로는 열악한 현장의 집중적인 체험을 통해서 오히려 신념을 강화해 나가는 특성을 지녔으며, 일상업무의 관리에 적용되었던 비즈니스적 감각이 사업추진 전략에 영향을 미쳤다고 해석할 수 있다.[134]

위의 분석과 평가처럼 그는 현실에 바탕 한 사업을 전개하였기에 6·25 전쟁 직후 선진국의 학문이나 기술이 비판 없이 무작정 도입되던 상황에서 벗어나 우리 현실을 바탕으로 한 독창적인 도서관운동을 할 수 있었다. 또한, 재정문제에서 철저하게 임원진들의 출연금과 후원금만으로 충당했기 때문에, 20년이란 긴 세월 동안 마을문고

---

134) 앞의 글, 107-108쪽.

운동을 하면서도 정체성을 지킬 수 있었다. 그리고 마을문고의 성장과 육성과정에 따라 다르게 정부의 지원을 받는 정책을 썼다. 초기 성장기에는 홍보와 교육에 치중하여 이를 관할하는 문교부의 지원을, 이후 육성기에는 마을문고가 일선 행정과의 연계를 통한 안정을 이루어내기 위해서 내무부의 지원을 받는 정책을 펼쳤다. 그리고 무엇보다 그는 성장기의 경험을 바탕으로 한 강한 추진력과 신속한 판단력을 가지고 집중을 해서 이루어내는 사업적인 기질을 가지고 있었다.

무엇보다 네 번째로 언급한 "창설자의 업무관리 행태와 퍼스낼리티가 사업 전개 방법상의 전략에 영향을 미친 부분도 중요하다."라는 평가는 그의 경영관을 핵심적으로 나타내는 말이라 할 수 있다.

그는 확실한 목표를 세우고 이 목표에 맞추어 일을 추진했다. "새로운 일을 생각할 때는 회칙부터 만들고 수없이 고치며 다듬는 것을 취미(?)로 삼아 하는 분이었다. 아마도 목적, 하는 일, 단체 구조 등 회칙을 다듬는 과정에서 활동 계획을 정밀하게 구상하는 것 아닌가 생각했다."[135]라는 이용남의 말을 통해 잘 나타난다. 확실한 목표가 있었기에 어떤 어려움에도 흔들림 없이 지속할 수 있었다.

그리고 그는 사업가답게 폭넓은 인맥을 형성하고 적재적소에 활용할 줄 알았으며 한번 맺은 인연은 쉽게 놓지 않았다. 대표적인 사례로 마을문고진흥회 창립할 때 감사로 참여했던 박치현(흥아상사 사장)

---

135) 이용남, 앞의 책, 113쪽.

은 20년 뒤 대한도서관연구회 창립 때도 감사로 활동했다. 그리고 도서관협회 창립 때 사무국장과 대학도서관장으로 처음 인연을 맺었던 양병택(경희대 부총장)과의 관계는 마을문고 운동과 대한도서관연구회까지 이어졌다. 이후락(대통령 비서실장)을 설득하여 마을문고의 재정을 안정화한 것과 김병주(문화방송 관리이사)를 통해 이동도서관 운동을 끌어낸 것도 빼놓을 수 없다. 이 밖에 최일남, 김병익 같은 언론인은 물론이고 마해송, 이원수 같은 아동문학가, 함석헌, 채규철 같은 사회운동가와도 교분이 있었으며, 한글학자인 최현배나 한국의 슈바이처라 불리는 장기려와도 두터운 친분을 유지하고 있었다.

또한, 엄대섭은 언론을 적극적으로 활용할 줄 알았다. 새로운 화젯거리가 나타나면 분위기를 띄웠다가도 조그만 문제점이라도 나타나면 가차 없이 비판하는 언론의 양면성을 알고 있었기에 그것에 대한 대비도 철저하게 했다. 이것은 마을문고 운동 초기에 언론의 도움으로 마을문고가 크게 활성화되었지만, 뒤에 부실한 문고에 대한 언론의 매몰찬 비판을 겪었기 때문에 이미 단련이 되어있었다. 무엇보다 대한도서관연구회는 많은 이들과 함께한 활동이 아니었기 때문에 언론을 적극적으로 활용했는데, 언론에서 관심 가질 만한 화젯거리와 함께 미담 사례도 발굴해서 보여주면서 공공도서관에 대한 관심을 끌어냈다.

이러한 그의 공공도서관 경영관은 '대한도서관연구회'를 통한 공공도서관 개혁 운동에서 꽃을 피우게 되었다. 마을문고 시절에는 주민들 속에서 주민들이 스스로 책과 정보에 대한 필요성을 느껴 가꾸어 나가게 하고, 대한도서관연구회 시절에는 산더미처럼 쌓인 공공도서관 문제를 개혁하기 위한 전략으로 '이동도서관 활성화'를 통한 공공도서관의 자료 이용 개념을 이용자들에게 심어주고 개가제 및 관외대출로 이어지도록 만들었다. 그리고 이것을 바탕으로 여론을 형성하며, 도서관평가를 통해 공공도서관의 기준을 마련하고, '간송도서관문화상' 제정과 시상으로 공공도서관 모범 사례를 확대하고자 했으며, 도서관법 개정을 이끌어냈다.

3. 엄대섭이 생각한 공공도서관의 가치

 90년대 젊은 사서들의 모임인 '도서관운동연구회'의 주요 활동가인 김기문은 글에서 '한국적 도서관 사상이란 무엇인가라는 물음은 도서관 현장에 대한 이해에서부터 시작되어야 하며 우리나라 현실에 맞는 도서관 모형의 개발은 바로 이러한 이해의 밑바탕 위에서 진행되어야 한다.'[136]고 했다. 김기문의 말처럼 엄대섭은 철저하게 우리나라 현실을 바탕으로 한 공공도서관 운동을 전개해왔다는 것을 알 수 있다. 엄대섭이 생각한 우리나라 공공도서관이 나가야 할 가치와 방향은 다섯 가지로 정리할 수 있다.

1) 우리나라 현실에 맞는 도서관

 엄대섭이 공공도서관에 처음 발을 디뎠던 50년대 우리나라 도서

---

136) 김기문, 「한국적 도서관 사상의 바로 세움으로 도서관 모형을 개발하자」, 『도서관운동』 3권 2호(1997.6), 59쪽.

관은 레스터 어샤임의 "대부분 기관에 종사하는 소위 '사서'라는 사람들이 전문직 훈련을 못 받은 것은 물론, 이 분야에 관심마저 보이지 않은 나라에서 문득 유럽과 미국의 유수한 도서관학교 출신 철학박사들을 만나게도 되는 것이다."[137]라는 말처럼 무조건 서구 선진국 흉내만 내는 다른 제3세계 도서관 상황과 크게 다르지 않았다. 따라서 이상과 현실은 매우 달랐다. 그리고 무엇보다 그때는 모든 도서관이 열악했기 때문에 '공공도서관 문제'를 공론화하기가 쉽지 않은 현실이었고, 6~70년대까지 그대로 이어져 왔다. 그 결과 공공도서관에 전문직인 사서가 제대로 없는 현실에서 공공도서관이 제 역할을 하기에 무척 힘들었다.

그 무렵 공공도서관의 문제점은, 김정근[138]의 편지에 엄대섭이 적극적으로 호응하여 《오늘의도서관》에 전문을 실으면서 밝힌 '외인부대 용병의 체취를 느끼고 있다'란 말로 집약될 수 있다. 김정근은 이 글에서 다음과 같이 말하고 있다.

김정근 교수에게 답한 엄대섭 친필편지

이 나라 도서관학계에 있어서의 '첨단의식', '선진의식'에 대하여는 따

---

137) 레스터 어샤임 외, 「발전도상국의 도서관」, 김정근 외 역, 한국도서관협회, 1970, 4쪽.
138) 당시 부산대 도서관학과 교수.

154

로 논문을 구상하고 있습니다만, 한마디로 저는 '미국적인 것'이 반드시 첨단적도 아니며, 선진적도 아니며, 세계적도 아니라고 봅니다. 그들로부터 배울 것이 없다는 말과는 다른 말입니다. 저희들은 오늘을 사는 한국인들의 삶 속에 있는 지적 요구, 정보의 요구가 무엇이겠는가를 알아내고(그것은 미국인들의 그것과는 엄청나게 다르다고 봅니다), 그 요구에 대한 도서관적인 대응책을 강구해 낸다는 데 교과과정 운영상의 기본 입장을 두고 있습니다. 미국 사람들이 어떻게 한다는 것은 그다음에야 알아볼 일쯤으로 치고 있습니다.

한국 사회가 역사적으로 경험해 왔으며, 지금도 경험하고 있는 자료의 문제, 지식의 문제, 정보의 문제 이들을 어떻게 효율적으로 수집—보존—조직—확산시키는가 하는 문제에 관심의 초점이 가 있다고 할 수 있겠습니다. 그래서 저희들은 이 나라 도서관 운동을 민족문화 운동의 일환으로 인식하려고 이론을 다듬고 있기도 합니다. (중략)

지금 우리나라 도서관 수가 워낙 부족하기도 합니다만, 있는 도서관마저 그 꼴이 말이 아니지 않겠습니까? 제가 중언부언할 필요도 없이 엄 회장님께서 몸소 방문을 하심으로써 그 '비참의 극'을 체험하신 것이지요. 공공, 대학, 학교 할 것 없이 모두 빈사 상태라고 말할 수 있겠지요. 이 판국에서 자기 자신의 처지를 외면하고 문제의 제기에서부터 해결에의 모색까지 몽땅 미국 사람 비슷한 목소리를 내고 있다면 마땅히 '용병', '외인부대'로 이름을 붙여주어야 하겠습니다.[139]

---

139) 김정근, 「엄 회장님께」, 《오늘의도서관》 7호(1986.1.20), 5쪽.

이런 김정근의 말을 엄대섭은 누구보다 뼈저리게 느끼고 실천했다. 따라서 공공도서관이 제자리 잡지 못한 특수한 상황에서 나타난 가장 현실적이고, 독창적인 '한국적 도서관'을 실현하는 방법으로 '마을문고'를 고안하고 퍼트렸다. 이때부터 '농촌문고', '향토문고', '반문고', '리동문고', '국민문고', '새싹문고', '희망문고', '농촌도서관', '향토도서관' 같은 여러 이름으로 전개되고 있던 지역 독서운동들도 마을문고로 형식과 이름을 통합하여 독창적인 도서관운동을 해나갔다.

마을문고 운동은 궁극적으로 마을문고의 양적인 성장을 통한 공공도서관 설립으로 끌어내 문제를 해결하고자 했다. 또한, 대한도서관연구회 활동 때도 공공도서관이 수험생들 공부방으로만 머물러 있으면서 자료실이 제 기능을 못 하고, 입관료 징수 문제, 폐가제 문제 등 많은 문제점을 안고 있을 때, 공공도서관의 문제를 바꿔 내기 위한 가장 효과적인 방법으로 '이동도서관'을 시작했다. 이동도서관 보급 운동은 입관료, 공부방, 개가제 같은 공공도서관의 중요한 기능을 주민들에게 인식시켜 공공도서관이 제자리 찾도록 하는 중요한 운동이었다.

2) 주민참여형 도서관

1950년대 농촌 책 보내기운동을 통한 농촌문고 운동은 이용자의 대상과 관심을 고려하지 못한 운동이었다. 따라서 이용자의 관심이나 요구사항이 무엇인지 전혀 파악하지 않고 일방적으로 도시에서 자료를 모아서 농촌으로 책을 보내주는 것이었다. 이렇게 보내주는 책의 질도 '휴지나 폐물로 버리기 쉬운 서적이나 잡지'[140]로 내용상으로 농촌주민들의 지식수준이나 현실에 맞지 않고, 농촌주민들의 욕구를 전혀 반영하지 못한 자료들을 일방적으로 배포하는 문고 운동이었던 것이다. 더불어 이런 책도 마땅히 보관할 곳이 없어 제대로 정리되지 않고 없어지기가 일쑤였다.

그러나 마을문고는, 이용자인 주민들 스스로 도서관을 만들고 운영하는 협동조합 방식으로 운영되었다. 즉, 주민들은 먼저 책을 모아서 도서관 구실을 할 수 있는 '문고함' 설치를 기본으로 했다. 그리고 자신들이 마을문고를 운영하고 키워나간다는 의식을 가지도록 했는데, 곡식을 모으고, 공동경작, 가축사육 등을 통해 마을문고 운영기금을 마련하고, 이 운영기금으로 필요한 책을 스스로 구하도록 했다. 이러한 활동은 마을문고를 통해 주민들의 지적 욕구를 충족시켜 주는 동시에 자립심을 심어주는 역할을 했다.

또한, 덴마크에서 협동조합에 관한 공부를 하고 와서 여러 형태의 협동조합을 알린 채규철을 1970년대 마을문고 지도자 강연 때 강사로 자주 초빙하여 마을문고와 협동조합에 대해 알려내기도 했다. 1950년대 자생적으로 협동조합 방식으로 운영한 묘산도서관 사례뿐만 아니라 운영 실적이 우수한 많은 마을문고에서는 구판장(소비조합)과 공동경작지를 조성하여 문고 운영기금뿐만 아니라 마을 기금까지 마련하였다.

---

140) 서명원, 앞의 글, 3쪽.

이렇게 마을문고를 중심으로 하는 주민참여형 도서관은 궁극적으로 지역주민들의 의식개혁까지 끌어내면서 '개발도상국형 도서관 모델'이란 평가를 받을 만큼 인정을 받았고, 이것은 막사이사이상 수상까지 이어졌다.

또한, 대한도서관연구회 시기에는 상대적으로 주민들의 직접적인 참여가 어려운 공공도서관 특성상 도서관평가를 할 때 '자원봉사활동이나 독서회 조직, 구입 희망도서 접수 코너 마련' 등 주민들이 참여할 수 있는 노력을 많이 한 도서관에 높은 점수를 주는 방식으로 최대한 이용자들이 참여하도록 끌어내기도 했다.

주민참여형 도서관은 이용자가 도서관이 주는 혜택을 누리는 데 그치는 것이 아니라 도서관 자원봉사를 하면서 도서관이 직접 할 수 없는 홍보나 대외 협력 활동, 나아가 도서관 운영비 확충을 위한 로비활동까지 하는 적극적인 조직인 '도서관 친구들(Friends of Library)' 활동과도 맥락이 닿아있다고 볼 수 있다.

3) 지식의 대중화

마을문고는 가까이 도서관이 없고, 책도 부족한 서민 대중에게 책을 제공하여 읽히자는 자선적인 것만은 아니었다. "과거 소수 지배층만의 소유였던 지식이 일반 대중의 소유로 넘겨지는 사회적인 현상은 근대 민주사회의 필연적인 산물로서 '지식 대중화'란 시대적 요청과 사회적 여러 가지 여건으로 인해 제대로 마련되지 못했던 '읽을 권리'를 주민들 스스로 힘으로 만든 인권의식의 구현으로 이해되어야 한다."[141] 이러한 대중도서관을 실현하는 곳이 마을문고였다. 구체적으로 살펴보면 마을문고 운동 초기인 1964년 10월부터 '마을문고용 도서선정 규정'을 제정한 후 이 규정에 따라 마을문고용 도서선정 사업을 벌였다.

> 일정 기간 '마을문고용 도서선정 공고'를 하고 각 출판사로부터 신청을 받은 후, 각 분야별 전문가들로 구성된 선정위원들의 심사를 거쳐 책을 선정하는 방법이다. 선정된 도서는 본회에서 '문교부 추천 마을문고용 선정도서'라고 표시할 수 있게 하였다. 선정 기관은 본회였지만 여기서 선정된 도서는 문교부 장관의 추천을 받았기 때문에 '문교부 추천도서'로 인정받았던 것이다. 그리고 이 목록은 월간 기관지에 그 서지 사항을 게재하여 각 문고의 도서 선택에 참고하도록 하였다.[142]

이것은 도서정보자료 부족으로 도서선정에 어려움을 겪던 마을문고에서 자료선정을 위한 꼭 필요한 서지정보 역할을 했다. 이런 마을문고용 도서선정사업은 점차 확대되어 1966년에는 농어업 분야, 교양 분야, 문학 분야, 아동 분야로 나누었으며, 1970년대에는 직접 도

---

141) 새마을문고중앙회, 앞의 책, 23쪽.
142) 새마을문고중앙회, 앞의 책, 51쪽.

서발간사업을 통해 농·어촌지역 주민들에게 필요한 지식을 이들의 수준에 맞게 중요한 핵심 부분을 만화로 설명하여 제공하는 등 범위를 확대해 나갔다.

또한, 대한도서관연구회를 통한 공공도서관 개혁 운동도 궁극적으로 개가제를 통한 자유로운 자료의 열람이 '지적 자유(사상의 자유)'에 초점이 맞추어져 있었음을 알 수 있다.

4) 이용자 중심의 도서관

1980년대까지 우리나라 공공도서관은 입관료, 관외 대출 제한 등으로 대표되는 것처럼, 이용자에게 적극적으로 다가가기보다 '찾아오는 이용자도 막았다'라는 표현이 알맞을 정도로 폐쇄적인 곳이었다. 이때 엄대섭은 마을문고를 통해 외형보다 내용에 치중하면서 도서관이 이용자에게 적극적으로 다가갈 수 있는 운동을 전개했다. 특히 마을문고의 영문 이름을 작은도서관인 'Mini-Library'가 아니라, 훨씬 더 작은 'Micro-Library'[143]로 불렸던 것은 주민들 생활 속으로 깊숙이 들어가고자 했던 그의 정신을 잘 나타낸다고 할 수 있다.

대부분의 마을문고는 마을주민들이 가장 많이 이용하는 마을회관에 설치되었는데, 마을회관은 마을주민들의 쉼터일 뿐 아니라, 마

---

143) 엄대섭, 「마을문고의 의의와 성과」, 《국회도서관보》, 6권 4호(1969.5), 9쪽과 David Kaser, 「Korean Micro-libraries and Private Reading Rooms」, Library Journal, 91(22) 에서 마을문고의 영문명을 'Micro Library'으로 쓰고 있으나, 막사이사이상 홈페이지 엄대섭 편을 비롯한 이후 공식 영문명은 'Village Mini-Library'라 쓰고 있다.

을의 대소사를 의논하는 공간이었다. 얼마 없던 공공도서관조차 이용자의 접근이 어려운 산꼭대기나 외진 곳에 있던 것과는 크게 대조된다. 주민들이 많이 이용하는 마을회관에 설치된 마을문고는 대부분 주민이 자유롭게 도서를 이용했기에 굳이 목록을 만들어 놓을 필요조차 없었다. 이는 이용남이 대학 때 봉사활동을 했던 경남 합천 묘산도서관에 관한 이야기에도 잘 나타나 있다.

> 우리는 학교에서 배운 대로 도서관의 장서를 깔끔하게 분류하고 목록작업을 해 놓고 왔었다. 그러나 나중에 묘산도서관에 다녀오신 엄대섭 선생이 우리에게 농담으로 "학생들이 책 목록을 너무 잘 만들어 주민들이 너무 귀하게 여겨 목록이 아주 깨끗하게 잘 보존되어 있더군."이란 말을 하셨다. 이 말에 나는 충격을 받았다. 목록이라는 것이 이용자들이 책을 좀 더 쉽게 찾을 수 있도록 하는 것인데, 그 도서관에서는 우리가 만든 목록이 쓸모가 없는 것이었다. 당시 묘산도서관은 개가제로 운영되고 있었기 때문에 몇천 권 정도의 장서를 가진 도서관에서 굳이 목록을 찾을 필요가 없었다. 이때 도서관은 형식보다 이용자를 위해 어떤 자세로 임해야 하는지를 깨달았다.[144]

이 묘산도서관처럼 개가제로 이용되는 도서관에서는 이용자 스스로 책을 직접 찾게 되고 이처럼 마을문고를 통해 자유롭게 이용하는

---

144) 이용남 한성대 명예교수와 대면 인터뷰, 2011.9.2. 11:00~16:00, 자택.

습관이 형성되면, 공공도서관 환경도 이들이 마을문고를 이용할 때 자유롭게 이용할 수 있는 개가제로 바꿀 수 있을 것으로 생각했지만, 그의 뜻대로 쉽게 바뀌지 않았다. 그래서 대한도서관연구회에서는 '이동도서관'을 통한 찾아가는 서비스를 실현하고, 이용자가 자유롭게 책을 찾아볼 수 있는 '개가제 운동', 금전적인 부담 없이 도서관을 이용하게 하는 '입관료 폐지 운동'을 했다.

5) 평생교육 거점으로서의 도서관

1980년대 공공도서관에 가면 들머리에 커다랗게 '평생교육의 요람 ○○도서관'이라 쓰여 있던 것을 기억한다. 이처럼 오래전부터 공공도서관은 평생(사회)교육 기관으로 역할을 해 왔다. 1950년대 농촌 책 보내기운동을 통한 문맹 퇴치 활동을 비롯한 새마을운동이 중점 사업으로 마을문고 운동을 채택한 이유도 평생교육의 관점이었다. 무엇보다 평생(사회)교육 관점으로 볼 때 정규학교는 한계를 가지고 있었다.

이 학교의 한계를 극복할 수 있는 곳으로 엄대섭은 '공공도서관'의 역할을 중요하게 여겼다. 그러나 6~70년대 공공도서관 수는 턱없이 부족했고, 이런 상황에서 대부분 농촌 자연부락에 설치되었던 마을문고는 평생교육을 할 수 있는 가장 중요한 거점이었다. 엄대섭은 자신의 글에서 학교의 한계와 마을에서 공공도서관 역할을 하는 마을문고가 가진 사회교육의 기능에 대해서 다음과 같이 말하고 있다.

대부분의 학교가 속한 지역사회에서 고립하고 있는 것을 볼 수 있다. 즉 학교는 교육상의 섬으로서 학교를 둘러싼 세계와 분리되고 있는 곳이 대부분이다. 이 섬과 본토(육지)로 비교되는 학교와 지역사회 사이를 자유로이 드나들며 서로 도움을 주며 받을 수 있는 다리를 만들어 줌이 향토학교로서의 바람직한 현상이다. 이 다리를 통해 첫째로는 학교 어린이들이 지역사회 자원을 이용하여 지역사회의 현실과 환경에 가치 있는 접촉을 할 수 있고, 둘째로는 교사가 그 지역사회의 발전을 위하여 가능한 방법으로 유용한 관계를 맺고 학문적인 전통의 울타리를 넘어 사회에 대한 책임을 다할 수 있어야 한다.[145]

이렇게 '사회교육'의 의미를 넓게 볼 때 이 모든 것을 아우를 수 있는 곳이 마을문고였다. 이미 일제강점기에 강진국은 '농촌문고 운동'을 주장하면서 학교 설립보다는 마을 곳곳에 '농촌문고' 설립을 통해 학교 교육과 평생교육을 함께할 것을 주장하였으며, 교육학자 서명원도 그의 글[146]을 통해 마을문고의 성과는 곧 '온마을 교육' 활동으로 문고 활동을 보고 있다.

최근 들어 '평생교육'이 지역 문화서비스의 영역으로 독립되고 있는 것이 한 현상이지만, '평생교육'은 공공도서관의 전통적인 영역이었다. 이러한 평생교육 활동은 그것에 필요한 정보 서비스가 바탕이 되었을 때 극대화될 수 있다는 것은 잘 알려진 사실이다.

---

145) 엄대섭, 「마을·직장문고와 교사의 역할」, 《횃불》 2권 2호(1970.2), 35쪽.
146) 서명원, 앞의 글.

4. 도서관 5원칙을 뛰어넘은
엄대섭의 공공도서관 운동

    랑가나단은 인도의 문헌정보학자로서, 20세기 초 인도의 도서관 현실에 맞춰 도서관 5원칙을 발표했다. 이것은 인도를 뛰어넘는 보편성으로 전 세계 도서관의 기준이 되었다. 이에 랑가나단의 도서관 5원칙을 통해 엄대섭의 활동을 정리해 보겠다.

    첫째, 책은 이용하기 위한 것이다(Books are for use).

    도서관은 '자료보존 개념'에서 '이용 개념'으로 바뀌어야 한다고 말한 것으로, 현대 도서관에서 가장 중요한 요소 가운데 하나이다. 엄대섭은 여기서 나아가 이용자들에게 필요한 책을 강조했다. 1950년대 진행된 농촌 책 보내기운동이 도시에서 거의 쓸모없는 폐지 수준의 도서를 농촌에 보내는 문제점, 더욱이 농촌 현실에 맞지 않는 도서가 보내지는 문제를 심각하게 느끼고, 마을문고를 설립할 때 농촌 현실에 맞고 농촌주민들이 읽을 만한 책을 고르는 데 신경을 많이 썼다. 그리고 마을문고 기관지를 통해 꾸준히 권장도서와 실용서 목록을 소개해 왔다. 무엇보다 1970년대 '새마을 총서 농어업 기술도서' 발간사업 때는 그 무렵 농·어촌 주민들의 평균 학력인 중졸 수준에 맞추어 이들이 이해할 수 있는 도서 발간에 중점을 두었다. 또한, 마을문고 기관지에도 이해가 쉬운 '만화'를 적극적으로 활용했으며, 대한도서관연구회 기관지 《오늘의도서관》에서도 핵심이 되는 내용을 만화로 표현해서 알 수 있도록 했다.

둘째, 책은 모든 사람을 위한 것이다(Books are for all).

인도는 관습적인 계급제가 아직 존재하고 있는 곳이다. 이에 랑가나단은 계급에 상관없이 책을 원하는 사람 누구나 도서관에서 책을 볼 수 있게 해야 한다고 했다. 우리나라는 관습적인 계급제는 없었지만, 급속한 경제성장에 따른 빈부격차와 도시와 농촌 간 지역 격차에 따른 정보격차는 분명히 존재했다. 공공도서관이 절대적으로 모자란 현실에서 전 국민이 골고루 정보를 이용하기 어려웠고, 공공도서관 입관료는 자료에 대한 접근을 심리적으로 위축시키는 역할을 했다.

이에 엄대섭은 가장 현실적인 방법으로 농·어업 중심의 사회였던 상황에 맞게 마을문고 설치 운동을 했다. 그리고 이 마을문고가 어느 정도 자리 잡아 나가자 국민독서연맹을 통해 도시 노동자와 어린이들에게 책을 읽을 수 있도록 하기 위한 직장문고 설립과 청소년 독서운동을 전개하면서 독서캠페인도 벌인 것이다. 또한, 대한도서관연구회 활동을 통해 입관료 폐지 운동도 해나갔다.

셋째, 모든 책은 독자에게(Every book its reader)

랑가나단은 모든 책이 독자에게 쉽게 다가갈 방법으로 개가제, 참고 서비스, 그리고 지역으로 찾아가는 서비스를 강조했다. 이것을 바탕으로 인도의 공공도서관 서비스 개념은 확립되었다. 1980년대 이전에 우리나라 공공도서관은 이용자를 위해 개가제를 시행한 도서관은 많지 않다. 그러나 마을문고는 마을주민들이 가장 많이 드나드는 곳인 '마을회관'을 중심으로 설치되어 주민들이 자유롭게 이용할 수 있었다. 또한, 대한도서관연구회가 관외 대출과 함께 공공도서관의 개가제 전환 운동을 중점적으로 펼친 것도 주민들이 편하고 자유롭게 책을 볼 수 있는 환경을 만들려는 것이었다. 도서관평가 작업을 할 때 관외 대출제와 함께 개가제 여부를 가장 높은 점수로 평가한 것도 같은 이유였다.

넷째, 독자의 시간을 절약하라(Save the time of the reader).

랑가나단은 목록작업, 참고 서비스, 대출방법 등 도서관 내부 환경개선을 바탕으로 나아가 외부적으로 도서관의 입지와 농촌 지역에 대한 봉사를 독자의 시간을 절약하는 방법으로 제시했다. 그 결과 '한 쌍의 소가 끄는 인도 최초의 이동도서관이 마나르구디(Mannargudi)에서 개시되었다.'[147] 도서관 이용률은 거리와 시간에 반비례한다는 것은 잘 알려져 있다. 생활권 가까이에 있는 도서관은

---

147) S.R. 랑가나단, 『도서관학 5법칙』, 최석두 역, 한국도서관협회, 2005, 332쪽.

독자의 시간을 절약하는 가장 현명한 방법이다. 엄대섭이 마을문고를 자연부락 단위로 설립했던 것은 이러한 원칙에 입각한 것이었으며, 나아가 1960년대 후반 국민독서연맹 사업을 할 때부터 순회문고와 이동도서관 서비스도 구상하였다. 이것은 대한도서관연구회의 이동도서관 운동으로 이어졌다.

다섯째, 도서관은 성장하는 유기체이다(A Library is a growing organism).

랑가나단은 '시설로서 도서관이 성장하는 유기체의 속성을 모두 가지고 있다는 사실'[148]을 강조했다. 이에 따라 분류표의 확장성, 이용자와 장서 증가에 따른 문제를 포함해서 사서의 전문화까지 생각했다. 이에 엄대섭은 마을문고가 도서관 시설로서 성장할 뿐만 아니라 사회 발전을 이끌어가는 원동력이 되기를 기대했다. 마을문고가 지역 곳곳에 자리 잡으면 이것을 동력으로 해서 주민들의 의식변화를 일으키고 사회 환경까지 바꿀 수 있을 것으로 생각했다. 여기서 나아가 마을문고를 바탕으로 한 공공도서관이 설립되면 마을문고가 분관이나 기탁소, 배본소로 활용될 것으로 기대했다. 그렇게 되면 공공도서관과 지역주민들을 연결하는 거점 망으로 마을문고가 자라고, 마을문고와 공공도서관은 주민들의 '지식과 정보의 광장'이 될 것이라는 희망 속에서 운동해 온 것이다.

---

148) 앞의 책, 336쪽.

위 내용을 다시 한 번 정리하면, 엄대섭은 랑가나단의 도서관 5원칙에서 나아가 '적극적인 공공도서관 활동'을 한 것을 알 수 있다.

첫 번째 원칙 '책은 이용하기 위한 것이다.'에서 '자료보존 개념'에서 '자료이용 개념'으로 변화를 넘어 '이용자 수준에 맞는 책을 갖출 것'을 주장했다.

두 번째 원칙 '책은 모든 사람을 위한 것이다.'를 통해 도시와 농촌 간의 정보격차를 해소하고, 누구나 자유롭게 이용할 수 있는 '대중 도서관 운동'을 전개했다.

세 번째 원칙 '모든 책은 독자에게'를 실천하는 방법으로 주민들 가까이 다가가는 마을문고와 독자가 책에 쉽게 다가갈 수 있도록 공공도서관에서 개가제와 관외 대출 시행을 주장했다.

네 번째 '독자의 시간을 절약하라.'의 실천 방법으로 순회문고 운영을 권장했으며, 대한도서관연구회에서 이동도서관 사업을 통해 이용자를 직접 찾아가는 활동을 했다.

다섯 번째 '도서관은 성장하는 유기체'라는 관점을 더욱 발전시켜 도서관 건물의 성장뿐만 아니라 도서관을 통해 주민들의 의식을 개혁하는 '지식과 정보의 광장'이 되기를 바랐던 것이다.

IV. 민중 속에 뿌리내린
마을문고와 **공공도서관**

1960년 처음 창안되어 보급을 시작한 마을문고는 1981년 12월 새마을운동 조직에 흡수되기까지 20년 동안 전국 대부분 자연부락에 설치 운영되었다. 마을문고는 50년대 이후 농·어촌지역에 존재했던 청년조직인 '4H회', '청년회' 같은 전국조직이나 자생 계몽조직을 문고(도서관)를 중심으로 묶어낸 촉매제 역할도 했다. 마을문고가 이런 운동들의 촉매제가 될 수 있었던 이유는, 이들이 지역사업과 생활개선 운동을 하면서 '정보 부재'란 커다란 벽에 부딪혔고, 이런 문제점을 '마을문고'에서 얻은 정보자료를 통해 어느 정도 해소하는 긍정적인 면을 가지고 있었다. 그 결과 '엠프 보급과 마을문고가 농어촌 문화향상 수단으로 손꼽을 수 있을 정도'[149]로 필수적인 시설로 인정을 받았다.

한편으로 많은 수가 설치된 만큼, 초창기부터 형식적으로 운영되거나 운영이 되지 않는 문고도 많았다. 무엇보다 농어촌사회에서 도시산업사회로 변화하고, 마을문고가 엄대섭의 손에서 떠난 1980년대부터 농·어촌지역 중심의 마을문고는 급격하게 사라졌다. 이에 마을문고도 변화하는 시대에 발맞춰, 도시형 문고사업 중심으로 바뀌었다. 그러나 농·어촌지역에 남아 있던 마을문고는 책을 읽고 운영할 청년들이 사라져 마을회관이 경로당이 되어버리고, 문고함만 한구석에 쓸쓸히 놓여 있다가 이마저 경로당(마을회관) 환경 개선사업 때 없어져 버리고 말았다.

---

149) 엄대섭, 「마을문고의 의의와 성과」, 《국회도서관보》, 6권 4호(1969.5), 6쪽.

이런 마을문고 운동과 흥망성쇠를 같이 한 전형적인 사례 한 곳과 꾸준히 운영해 오면서 작은도서관으로 자리 잡은 한 곳의 사례를 통해 마을문고의 변화과정을 살펴보려 한다. 이것은 엄대섭의 마을문고 이념이 단순히 선각자들의 구호적인 활동에 그친 것이 아니라 민중들 생활 깊숙이 파고들어 민중들과 함께했음을 증명하는 것이기 때문이다.

　또한, 마을문고 운동은 공공도서관을 대치하는 운동이 아니라, 열악한 공공도서관을 보완하려는 데 궁극적인 목표를 둔 운동이란 것을 처음부터 내세웠다. 이것은 단순히 목표로 그친 것이 아니라, 어느 정도 성과를 거두었는데, 전남 강진도서관, 경북 경주도서관, 경북 경산도서관을 사례로 들 수 있다. 관이 주도하여 도서관과 마을문고 설립과 운영을 한 곳은 강진도서관이고, 마을문고 설립자 엄대섭의 영향력 아래 활동한 곳은 경주도서관이었다. 한편 마을문고가 중심이 되어 도서관을 설립한 곳은 경산도서관이 있다. 그리고 아주 특별한 사례로 경남 합천의 묘산중학교는 마을문고 활동이 바탕이 되어 중학교 설립으로 이어진 곳이다. 이런 사례를 소개하면서 엄대섭의 생각이 얼마나 민중 속에 파고들었는지 알아보자.

1. 마을문고진흥회와 흥망성쇠를 같이한
용치 마을문고

경남 사천시 용현면 용치 마을문고가 있었던 용치 마을은 면 소재지에서 꽤 떨어진 골짜기 마을로, 40여 호가 살던 농촌 공동체였다. 여기에 있던 문고는 마을문고 운동 초기인 1963년 봄 동아일보에 실린 마을문고에 대한 기사를 보고 4H회 회원들이 중심이 된 13명 정도가 독서회를 꾸리면서 시작되었다. 이들은 설립기금으로 500원씩 거두어 문고를 설립했다. 문고함은 일제강점기부터 있었던 마을회관에 설치되었고, 마을문고진흥회로부터 문고함과 책 30여 권이 도착하자 회원들은 책 읽기와 독서회 활동을 열심히 했다.[150]

용치 마을문고는 엄대섭이 주장한 마을문고 설립 운영 방식인 '농촌 공동체'를 유지하면서, 독서회를 먼저 꾸려서 독서회가 마을문고를 설립 운영하는 전형적인 과정을 밟은 곳이다. 마을문고 상당수가 외부 독지가의 지원을 받아 설치되었고, 잘 운영된다고 평가를 받던

---

150) 강계분(당시 문고 회원)과 대면 인터뷰, 2011.7.31. 17:00∼21:00, 창원시 마산회원구 자택.

문고도 안팎의 여러 가지 사정으로 인해서 10년 넘게 꾸준히 운영되는 문고가 드문 상황에서 용치문고는 20년 넘게 꾸준하게 운영되었다.

용치 마을문고는 1967년 11월 경북 경산에서 개최되었던 제3회 마을문고 전국대회에 대표자를 파견[151]하는 등 마을문고 중앙회 활동에도 적극적으로 참여했다. 이러한 활동 덕택에 사천을 고향으로 두고 중앙문단에서 활동하던 박재삼 시인으로부터 책을 기증받을 정도로 지역에서는 꽤 알려진 곳이기도 했다. 1972년에는 마을문고 본부에서 주는 장려상을 받았고, 1974년에는 전국 최우수 문고로 선발되었다.[152] 또한 용치 마을문고는 1980년 12월에 열린 '장서 2천 권 돌파상' 두 번째 시상식[153]에서 상을 받은 전국 16개 문고 가운데 하나였을 만큼 활발하게 운영되었다. 1980년대 초반까지만 해도 하루 7~8명이 이용하였으며, 하루 도서 대출량은 20권 정도였다고 한다.

이 용치 마을문고는 1980년대 후반 책을 읽고 독서회를 운영할 사람이 없어 문을 닫을 때까지 25년 이상 운영되었는데, 초창기부터 독서회를 운영하고 꾸려나가던 청년들은 노인이 되었고, 이들의 자녀도 성장해서 도시로 떠남에 따라 마을에는 책을 읽고 독서회를 운

---

151) 마을문고진흥회, 《마을문고》, (1967.12), 27쪽에 따르면 당시 전국 마을문고 대표자 가운데 유일하게 홍일점으로 강계분이 참여했다고 한다.
152) 마을문고본부 편, 「마을문고 운영과 활동 사례」, 사단법인 마을문고본부, 1980, 157쪽.
153) 새마을문고중앙회. 앞의 책, 205쪽.

영할 수 있는 청년들이 없어지고 자연스럽게 문고는 문을 닫고 말았다. 하지만 문고함 만은 마을회관에 10년 이상 있다가 2000년 무렵 "마을회관을 신축하고 마을회관이 경로당 형태로 바뀌는 과정에서 문고함도 없어졌다."[154]고 한다.

용치 마을문고는 1960년대 마을문고운동 초기에 지방 농촌 마을에서 주민들 스스로 문고회를 조직하여 오랫동안 운영되었다. 하지만 7~80년대 급격하게 진행된 도시산업화 사회로 바뀌는 과정에서 농촌인구의 고령화로 인해 자연스럽게 없어진 전형적인 곳이라고 할 수 있다.

---

154) 강복안(1967년 당시 용치마을문고 회장)과 전화 인터뷰, 2011.7.31.

2. 엄대섭의 꿈이 실현된
   봉암 마을문고

봉암 마을문고가 있던 경기도 양주시 은현면 봉암리는 경기 북부 지역으로 군부대가 많은 지리적 사회적 특성상 원주민은 20%에 지나지 않고,[155] 나머지는 이주민 또는 외지인이었다. 따라서 농촌 지역이지만 상대적으로 새로운 사상과 주민들의 드나듦이 많았던 지역이다. 봉암 마을문고는 기존의 마을문고 설립과정과는 달리 상대적으로 꽤 늦은 시기인 1974년 7월 마을 주민 조영순의 '안방문고'에 의해 시작되었다.

조영순은 실향민으로 오랜 직업군인 생활을 마치고 봉암리에 정착했다. 조영순이 안방문고를 설립하는 데는 시민사회운동가로서 서울 잠실에서 안방문고를 운영하고 있던 채규철의 도움을 받았다.[156] 채규철을 소개한 이는 봉암리 출신으로 사회운동을 하고 있던 서상선

---

155) 새마을문고중앙회, 앞의 책, 94쪽.
156) 이섶, 『채규철 이야기』, 우리교육, 2005, 163쪽.

봉암 마을문고(1970년대)

으로, 진보적인 사회사상가인 함석헌의 제자이었다.[157)

한편 같은 해 12월 주민들의 금융조직인 '신우회'가 활동을 시작하면서 재정이 어느 정도 안정되자, 신우회에서 조영순이 운영하던 안방문고를 지원하기로 결의하고 마을 주민들이 운영에 참여하게 되었다. 1978년에 작은 가게를 세내어 마을문고가 독립할 때까지 마을문고를 위한 별도의 조직은 없었고, 조영순이 운영을 맡고 신우회에서 지원하는 마을 사업 정도로 추진되었다.

채규철이 서울 잠실에서 자신의 아파트에 아이들을 위해 안방문고를 열었던 것처럼, 조영순의 안방문고도 처음에는 어린이들이 주로 이용했으며, 점차 지역주민(청년)으로 확대되어 나갔다. 여기서 특이한 점은 군부대가 가깝고 술집도 많은 지역으로 접대 여성들도 문고를 이용하고, 후원금을 내기도 하는 등 매우 다양한 계층이 이용했다.

이러한 봉암 마을문고는 다른 마을문고와 비교해도 신문, 방송 등 언론 노출 빈도가 매우 높았으며, 농림부 장관을 지낸 신중목, 아동문학가 이원수 등 유명 인사들도 마을문고를 찾아서 격려하거나 강연을 하기도 했다. 그리고 1983년엔 MBC 어린이날 특집극으로 '봉암리 아이들'이란 드라마가 조영순과 봉암 마을문고 활동을 중심으

---

157) 최수옥, 『봉암리 아이들과 신호등 할아버지』, 소나무, 2005, 157쪽.

봉암 마을문고 증축 당시 모습(1980년대)   봉암 작은도서관

로 제작되기도 했다.

또한, 1982년에는 봉암 마을문고가 전국 새마을문고 경진대회에서 최우수상을 받았는데, 이를 계기로 새마을본부는 마을회관 건축비를 일부 지원했다. 1983년 주민들은 기존 건물을 허물고 건물을 신축하여 금고, 리 사무실, 문고를 하나의 건물로 통합했는데, 이때 2층 전체를 문고와 독서실로 꾸며 주민들이 책을 볼 수 있도록 했다. 그 뒤에 마을문고는 리 사무실, 또는 새마을금고 직원이 본인의 일을 하면서 틈틈이 시간을 내어 정리와 대출업무를 했는데 이들의 주업무가 아니었으므로 짜임새 있게 운영되지는 못했다.[158]

1986년에는 마을 지도자 5명이 '문고 운영위원회'를 조직하여 월 1만 원씩 내어 부녀회원 중 한 명씩을 관리자로 두고 주 1회 대출업무를 맡기도 했으나 1년 정도 유지하다가 중단하였다. 그러다가 1990년대 후반 새마을금고가 기존 건물 전체의 운영을 맡게 되고 리 사

---

158) 조계숙, 「농촌지역 지역사회 조직사업의 성공과 지속요인에 관한 사례연구 – 봉암리 농촌 자연부락의 3개 사업을 중심으로」, 석사학위 논문(가톨릭대학교 사회복지대학원), 2002, 76쪽.

무소는 새롭게 땅을 마련하여 독립하면서 그나마 마을문고를 운영할 장소가 없어지자 문고는 해체되었다.

해체된 봉암 마을문고는 1999년에 재건을 위한 운동이 일어났다. 마을 지도자 1세대가 마을문고 재건을 제안하고, 마을 이장을 중심으로 한 10명이 '도서추진위원회'를 구성하였다. 도서추진위원회는 주민 모금 운동을 펼쳐 도서를 구입하고, 양주군청에서 1억 원을 지원받아 마을회관 2층에 마을문고를 건축했다. 그 후 봉암 마을문고는 2007년 5월부터 양주시립도서관 분관(봉암 작은도서관)으로 바뀌어 양주시에서 직접 운영하였다.

봉암 마을문고는 급격한 도시화에 따라 농촌인구 감소, 농촌사회 붕괴와 맞물려 고령화로 인해 독서인구가 줄어들어 없어진 다른 마을문고와 달리, 군사지역 인근이란 지역 특성으로 처음부터 실향민, 이주자들이 많았고, 여기에 서울 외곽지역이란 특성으로 도시화가 천천히 진행되면서 젊은 인구가 꾸준히 유지되고 있었기 때문에 성공적으로 운영되고 유지될 수 있었다고 생각한다.

또한, 채규철 같은 사회운동가의 지원과 함께 지속적인 언론 노출을 통한 사회의 관심을 받았다. 그랬기에 봉암 마을문고는 엄대섭이 마을문고를 주창할 때 가장 바람직한 모델로 제시한 '마을문고의 공공도서관 분관화'라는 목표를 이루어낸 대표적인 사례이다.

하지만 봉암 작은도서관은 이웃한 남면에 규모가 큰 남면도서관이 생김에 따라 이용자들이 줄어들면서 2019년 9월에 문을 닫게 되었다.

3. 민과 관이 한마음 한뜻으로 – 강진

마을문고 운동은 1960년대 중반 전국적으로 활발하게 퍼져나갈 무렵 지방자치단체의 많은 지원을 받기도 했는데, 가장 대표적인 지방자치단체가 전남 강진군이었다. 강진군은 전라남도 남쪽에 있는 1개 읍과 8개면으로 구성되어 있으며, 1960년대 당시 인구는 124,156명이었다. 이 강진군은 1965년 군립도서관 개관과 함께 289개 모든 자연부락에 마을문고를 설치하고 군립도서관과 마을문고가 유기적으로 활동하는 대표적인 곳이었다. 이런 강진군의 활동에는 대구면에 마을문고센터를 설립하고 면 지역 마을문고를 체계적으로 관리하며 헌신한 윤순남 같은 활동가의 노력도 있었지만, 김재호 강진군수의 노력이 크게 작용했다. 김재호 군수와 강진군의 노력에 대해 엄대섭은 다음과 같이 말하고 있다.

그분은 참으로 용기 있는 군수였다. 2년 내에 289개 군내 전 자연부락에 문고를 설치 완료하겠다는 나와 약속을 이행했다. 먼저 자기의 봉급으로 몇 개 문고를 만든 다음 지방 유지를 설득하여 참여케

강진군 대구면 마을문고 센터

했고, 나머지는 군비로 부담하였다. 이로 말미암아 강진군은 오늘날 마을문고로서 전국 제일의 모범 군이 되었으니 생산과 문화가 병진하는 군으로 발전하고 있다고 하겠다.[159]

김재호 군수는 군청 직원들에게 하루 한 대의 담배를 절약게 하는 등, 물심의 힘을 기울여 면마다 마을마다 4천 원짜리 마을문고를 설치했다. 이러한 군청과 윤순남[160] 같은 지역 문고활동가들의 노력과 함께, 공보부와 농림부, 농촌진흥청, 아세아재단 한국지부와 뜻있는 주한 외국인 등의 적극적인 지원도 큰 역할을 했다. 또한, 강진도서관 관장으로 있던 강예권은 "군수의 도서관에 대한 인식과 주민의 단결된 힘으로 마을문고를 바탕으로 한 군립도서관이 건립되었고, 그것의 성공적 운영이 보장될 수 있었던 셈이다. 그는 군정의 좌표를

159) 엄대섭, 「농어촌에 심는 독서의 씨앗」, 《신동아》 47호(1968.7), 255쪽.
160) 1967년 무렵 전남 강진군 대구면 마을문고 협의회 회장.

농어민의 지능개발에 두고, 마을
문고와 독서회 조직이 없는 도서
관은 제구실할 수 없다."[161]라며
관의 지원 상황을 묘사하고 있다.
더불어 도서관과 마을문고의 연
계 활동에 대해서는 아래와 같이
말하고 있다.

강진군립도서관에서 운영한 순회문고

　　이러한 노력에 힘입어 강진군의 마을문고는 지역사회 주민들의 독
서 활동을 보장하는 주요한 사회교육 기관이며, 동시에 지방공공도
서관 봉사활동의 거점이 될 수 있었다. 결국, 군립도서관과 마을문고
는 하나의 시스템이 되어 지역사회 지식 보급과 확산에 핵심적 역할
을 담당하게 된다. 강진 군립도서관은 지역사회가 그 문화적 성장을
이룩하는 첩경은 도서관 운동을 통해 가능하다는 사실을 이 시기 전
국의 낙후된 지역사회에 일깨워주었다고 평가된다.[162]

　하지만 이렇게 활발하게 움직였던 강진도서관과 마을문고는 꾸준
하게 유지되지 못하고 군수가 바뀌고, 세월이 흐름에 따라 다른 지
역과 차이가 없어졌다.

---

161) 강예권, 「마을문고 독서회 운영과 지방 공공도서관의 활동」, 《도서관》, 25권 6호
(1970.6), 28-29쪽.; 위의 책, 100쪽에서 재인용.
162) 「전국 도서관 순례: 강진군립도서관 편」, 《국회도서관보》, 2권 8호(1965.8), 84쪽.;
위의 책, 101쪽에서 재인용.

강진군의 사례에서 마을문고와 도서관운동은 한때의 노력이나 특별한 한두 사람의 힘으로 성장 발전하는 것이 아니라 지역 주민이 자발적으로 폭넓게 참여하여 꾸준한 관리와 노력을 기울이지 않으면 안 된다는 것을 알 수 있다. 이 사실을 좀 더 확실히 증명해 주는 자료는 이시영의 논문[163]에 잘 나타나는데, 강진도서관은 1987년에는 겨우 9천여 권의 장서와 사서직 없이 직원 3명만으로 운영되고 있었다. 이 자료에 따르면 다른 전남지역 군 공공도서관과 비교해도 차이가 없으며, 문고는 280개가 있지만, 운영도 매우 부실한 것으로 평가되었다.

---

163) 이시영, 「공공도서관과 마을문고와의 협력망 모형에 관한 연구」, 석사학위논문(청주 대학교 대학원), 1988. 41–42쪽.

4. 마을문고의 발상지 - 경주

　경주도서관은 엄대섭이 울산에서 1951년부터 운영하던 사립도서관을 1953년 경주시에 맡기면서 탄생했다. 엄대섭이 본격적으로 마을문고 운동을 하기 위해 터전을 서울로 옮길 때까지 무보수 관장으로 있으면서 주변 마을에 농촌문고와 순회문고도 운영했다. 경주는 농촌문고의 실패를 바탕으로 1960년에 처음으로 엄대섭이 고안한 마을문고가 설치된 지역(탑동)이기도 하다.

　더불어 엄대섭의 뒤를 이어 경주도서관장을 맡았고, 마을문고진흥회에서 사무국장으로 초기 마을문고 운동을 함께 했던 김종준[164]도 있었다. 따라서 1960년대 경주도서관은 엄대섭의 영향력이 미치는 도서관이면서 공공도서관과 마을문고의 협력 모델을 만들 수 있는 기반이 마련된 도서관이었다.

　그 무렵 경주시립도서관의 활동에 대해 데이비드 케이저는 「아시아 8개국의 도서관 발전」에서, "경주시립도서관은 101개의 문고를

---

164) '마을'이란 한글 이름을 붙여 '마을文庫'란 이름을 만든 이이기도 하다.

김종준 선생   경주 안마을 마을문고(1961년 초기 설립
한 26개 마을문고 가운데 한 곳)

운영하고 있다. 3개월마다 산하의 각 마을문고에 대하여 그들의 중
앙도서관은 25권의 도서를 보내서 이미 거기 보내져 있는 도서와 교
환한다."[165]라며 도서관과 마을문고의 성공적인 결합 사례로 소개하
고 있다.

이처럼 경주시립도서관은 도서관이 바탕이 되어 마을문고에 순회
문고를 운영하고 마을문고를 육성 지원하면서 지역주민에 대한 도서
관 서비스의 확대를 이루어낼 수 있었다.

---

165) 레스터 어샤임 외, 앞의 책, 62쪽.

5. 활동가들이 만든 공공도서관 – 경산

　경산도서관 사례는 강진도서관과 경주도서관과 달리 상대적으로 덜 알려져 있다. 하지만 위 두 도서관이 관의 지원으로 생기거나, 도서관을 중심으로 마을문고가 퍼지고 협력하는 형태였지만 경산도서관은 전국에서 유일하게 마을문고가 중심이 되어 설립(1966년 8월)된 예이면서 전국에서 처음으로 자동차로 순회문고를 운영한 지역[166]이기도 하다. 여기에는 이영호,[167] 예대원[168] 같은 경산지역 문고활동가의 헌신적인 노력이 있었다. 이들은 전국에서 최초로 경산군 남산면에 마을문고 센터[169]를 건립하여 운영하기도 하고, 나아가 자인면에 자숙도서관을 설립하는 데 큰 역할을 했는데, '자숙도서관'은 뒤에

---

166) 엄대섭, 『새마을 문고 지도자 교육 기초강연』, [녹음자료], (1983.1.21)에 따르면 이영호가 세운 자숙도서관에서 운영한 이동도서관이 우리나라 최초의 이동도서관이라고 한다. 하지만 이에 대해 이용남은, 이것은 이동도서관이 아닌 순회문고였다고 한다(이용남, E-mail 인터뷰, 2012.12.27).
167) 당시 경산군 마을문고 협의회 회장.
168) 당시 경산군 마을문고 협의회 부회장.
169) 마을문고진흥회, 《월간 마을문고》(1967.11), 17쪽.

경산마을문고 부회장이었던 예대원 선생　　　　경산마을문고 소식지 제호

경산 군립도서관[170]이 되었다. 자숙도서관의 설립 경위는 이용남의 글에 자세히 나온다.

> 그 도서관은 자인면 면 소재지에 콘크리트로 지은 독립 건물의 조그마한 도서관이었는데 이 도서관 운영 책임자인 이영호 님을 알게 되었기 때문이다. 이영호 님은 목욕탕 사업으로 경제적인 여유가 괜찮으신 누님(이육주 여사, 후일 육영사업에 많은 공헌)을 설득하여 생신 잔치 기념으로 사립도서관을 설립토록 하여 자력으로 운영하고 있는 농촌 독서운동가였다.[171]

이러한 역량 때문인지 1967년에 제3회 전국 마을문고 지도자 대회를 개최하기도 했고, 활발한 마을문고 활동은 군청을 움직였다.

---

170) 1965년 건립, 1968년 12월 경산 군립도서관으로 개관. – 경산도서관 홈페이지 https://lib.gbgs.kr/renew/contents/introbuilding/intro.php (2011.9.18)
171) 이용남 교수 정년퇴임 기념문집 간행위원회, 앞의 책, 269쪽.

1966년도에 독서운동으로 문화군 건설 계획을 수립, 군비와 민간 유지의 성금으로 지금까지 180여 개의 마을문고를 설치하였고, 같은 해 8월 마을문고 군 센터로서 군립도서관을 설치하여 마을문고 육성에 힘써 왔으며, 같은 해 12월 1일 군비 500만 원, 국고보조 200만 원의 예산으로 300여 평의 대지 위에 건평 230평, 2층 콘크리트 건물로 국내 군립도서관 중 최대규모의 도서관 신축을 기공하였음.

관내에 설치된 문고 관리의 통일과 효과적인 운영방법을 모색하고 주민의 협동 정신을 배양하기 위한 군 단위 및 면 단위 협의회를 조직 군립도서관－군 협의회－지구 협의회－단위 독서회의 합리적인 지도 체계를 확립하여 육성 중임.[172]

경산군 마을문고 협의회를 조직하여 70여 문고 독서회를 지도육성하고, 1967년 5월 13일에는 전국 최초로 남산면 지구협의회 마을문고센터(총경비 130,000원)를 독서회원의 힘과 관계기관의 보조로 건립하여 면 단위 도서관 구실을 하고 있으며, 군에서 발간되는 경산공보지에 고정란으로 마을문고란을 설정, 마을문고의 설립 및 육성을 위한 글을 계속적으로 실리는 등 각종 대외활동으로 사회 각계 및 관계 기관과의 긴밀한 유대를 맺고 있어 독서운동의 입체적인 지도를 도모하고 있음.[173]

위 두 인용문에 보듯이 경산군은 마을문고 활동가들이 지역 유지

---

172) 마을문고진흥회, 앞의 자료, 22쪽.
173) 위의 자료, 12쪽.

와 군청을 움직였다. 지역에 공공도서관이 없는 상태에서 마을문고가 활발하게 움직이고, 그것이 바탕이 되어 공공도서관을 설립한 것이다.

이 경산도서관 설립에 대해 엄대섭은 "그 지역주민의 독서 열을 고조시킨 다음 전체 주민의 여론으로 마을문고 지도육성의 모체이며 센터 구실을 할 군립도서관을 세우게끔 하기도 한다. 건평 236평의 대규모로 1968년 12월 10일 개관한 경북 경산 군립도서관은 그 한 예이다."[174]라고 말하고 있다.

---

174) 엄대섭, 「마을문고의 의의와 성과」, 《국회도서관보》 6권 4호(1969.5), 9쪽.

6. 학교가 된 마을문고
- 묘산도서관과 묘산중학교

경남 합천군 묘산면 관기리 중촌마을에 해방이 되던 1945년 가을에 장석상에 의해 묘산도서관이 설립되었다. 그 무렵 중학생이던 장석상은 또래 소년들과 마을소년회를 조직하고, 마을회관을 '묘산도서관'으로 바꾸면서 생활 환경개선 운동을 시작했다.

농촌사회에서 생활 환경개선 운동은 일제강점기를 지나고, 새로운 나라 건설에 대한 부푼 기대감으로 전국 곳곳에서 뜻있는 청년과 지

묘산도서관이 있던 관기리 중촌마을회관 전경

식인을 중심으로 산발적으로 일어났는데, 이들 대부분은 어린이와 청소년을 위한 교육 사업과 지역주민들을 위한 생활 환경개선, 그리고 문맹 퇴치에 치중했다. 따라서 교육 사업은 이후 정식학교로 발전한 경우가 많았고, 어린이나 청소년과 같이 배움이 절대적으로 필요했던 이들을 중심으로 진행된 사업이라 전체 주민들에게 골고루 혜택이 돌아가지 못한 한계가 있었다. 그리고 문맹 퇴치나 생활개선을 중심으로 한 활동도 문제점이 어느 정도 해소된 뒤에는 새로운 사업으로 나아가지 못했다.

여기서 주목해야 할 것은 다른 지역에서는 잘 하지 않던 도서관 중심의 생활 환경개선 운동이었다. 먼저 도서관 운영 및 활동 기금 마련을 위한 방법으로 토끼사육, 공동경작, 곡식 모으기 등의 활동을 했다. 그리고 공동우물 및 변소 등 위생 청결, 동네 술집 및 화투놀이 근절, 문맹 퇴치와 독서운동 전개, 이렇게 세 가지 목적을 세우고 지역 생활개선 운동을 했다.

이 무렵 장석상은 대구상고에 다니면서 도서관 운영도 하고 있었다. 이러한 활동은 6·25 전쟁이 막 끝난 1954년 무렵에는 마을주민들 사이에 인정을 받고 안정화되었다. 하지만 도서관을 주도적으로 이끌어가던 장석상이 갑자기 설사병으로 죽고, 이에 형인 장석순이 활동을 곧바로 이어받아 도서관을 운영해 나갔다. 장석순은 경주에서 도서관을 운영하던 엄대섭의 활동 소식을 듣고 찾아가서 도서관 운영 방법과 농촌순회문고에 대한 이야기를 나누었으며, 엄대섭을 마을로 초대하기도 했다.

묘산도서관은 점점 자라서 1959년 무렵에는 한국도서관협회에 정식으로 사립 공공도서관으로 등록하고, 나아가 운영자 장석순이 연세대 도서관학당을 수료하기도 했다. 도서관학당에 다니면서 연세대 이재철 교수, 서울대 백린 선생 같은 도서관계 인사들도 알게 되었다. 그리고 이들로부터 장서를 기증받아 6,000여 권이 넘는 장서를 보유하게 되었다. 묘산도서관은 장서량이 늘어나자 도서관 활동을 묘산면에서 확장하여 이웃한 봉산면, 야로면, 멀리 떨어진 합천읍, 삼가면까지 마을 순회문고를 운영했다. 가까운 지역에는 자전거에 싣거나 직접 등에 지고 가서 책 30여 권을 한 달씩 대출했으며, 먼 부락에는 버스를 이용하여 갖다 주며 더 많은 이들이 책을 읽을 수 있도록 했다. 장석순은 당시 활동 가운데 인상 깊었던 것은 나환자촌에 문고를 세우고 자립기반을 마련해 준 것이라고 회상한다. 당시 상황에 대해 그는 다음과 같이 말하고 있다.

마을에는 혼인이나, 상 같은 큰일이 벌어지면 걸인이나 나병 환자들이 모여들었다. 그러면 마을 사람들은 이들에게 대접하며 일을 무사히 마치도록 했다. 그런데 하루는 이들이 너무 심하게 요구를 해서 초상을 제대로 치르지 못했다. 그래서 나병 환자촌에 문제를 제기하러 찾아갔다. 그냥 문제를 제기한 것이 아니라 왜 그럴까! 곰곰이 생각해 보았다. 이유는 환자촌이 스스로 자립기반이 없기 때문이고, 지식을 얻지 못했기 때문이라는 것까지 생각하게 되었다.

그래서 이들에게 스스로 자립기반을 마련할 수 있는 돼지, 닭을 제

묘산도서관과 봉사활동 나온 연세대 학생들

공하기로 하고 더불어 지식을 쌓을 수 있는 문고 지원을 약속했다. 돼지와 닭 구입은 마을 기금에서 하고, 문고 설립은 엄대섭 선생에게 부탁을 했다. 이렇게 나환자촌에 자립기반이 마련되고 엄대섭 선생과 마을문고진흥회를 통해 문고함과 책이 나환자촌에 들어오자 나환자들의 마을 출입은 잦아들었다.[175]

이렇게 묘산도서관은 지역사회뿐만 아니라 도서관계에도 알려져 연세대 학생들이 방학 때 봉사활동을 다녀가기도 했고 잡지에 소개[176]되기도 했다.

이 무렵 묘산도서관에 관해서는 이용남의 정년퇴임 문집에 한상완의 추억담으로 실려 있는데 다음과 같다.

한국의 사립공공도서관 1호로 등록된 도서관 중심의 봉사였기에 때문에 우리는 서툴지만 도서관에 소장되어 있는 장서를 분류하고 목록하는 작업과 마을 청소년들에게 독서 지도도 하였다. 도서관 봉사는 중촌마을뿐만 아니라 묘산면, 가야면, 합천읍, 봉산면까지 마

175) 장석순과 대면 인터뷰, 2012.3.18. 14:00~17:00, 부산대학교 앞 차밭골.
176) 학원사 편집부 편, 「산골에 피어난 문화센터 '묘산도서관'」, 《농원》, 학원사, (1964.5), 170-171쪽.

을 지도자 장석순 선생이 탄피 박스에 책을 넣어 짊어지고 다니면서 다 읽은 책은 반납받고, 새 책을 빌려주는 헌신적이며 적극적인 서비스가 이루어지고 있었다.[177]

　해발 수백 미터가 되는 고지대 마을의 작은 도서관(후에 사립공공도서관으로 한국도서관협회에 등록)을 알게 되었다. 지역개발 운동을 헌신적으로 벌여나가던 이 마을의 선각자 장석순 님이 도서관학을 공부하겠다고 당시 연세대학교의 도서관학당을 다니고 있는 것을 알게 되어 이 마을을 돕기로 하였다. 이 마을은 마을회관을 작은도서관으로 꾸몄는데 우리는 방학 때마다 수차례에 걸쳐 이 마을을 방문하여 1주일 내지 열흘 정도씩 도서관 봉사활동을 다녔다.[178]

　묘산도서관을 중심으로 한 청년들의 생활개선 운동은 구체적인 성과를 낳아 60년대 초 춘궁기를 넘기기 어려웠던 시절, 도서관이 있던 '중촌마을에는 마을문고를 이끄는 청년회에서 모아 놓은 곡식을 어려운 주민들에게 나누어 주어 배를 곯는 이들이 아무도 없었다.'[179]고 한다. 이것은 엄대섭이 도서관운동을 하게 된 것인 '책을 단순한 교양만으로서가 아닌 생존경쟁의 무기'[180]로 생각한 것과 같다.

---

177) 이용남 교수 정년퇴임 기념문집 간행위원회 편, 『끝나지 않은 도서관 戀歌』, 좋은글터, 2008, 52쪽, 한상완의 글.
178) 위의 책, 269쪽, 이용남의 글.
179) 장석순(5~60년대 당시 묘산도서관 운영자)과 대면 인터뷰, 2012.3.18. 부산대학교 앞 차밭골
180) 새마을문고중앙회, 앞의 책, 38쪽.

장석순

묘산도서관 활동에 대해 엄대섭도 60년대 마을문고가 보급된 이후 책을 읽은 청년들의 생활개선 운동이 옛 습관과 농사법을 버리지 못한 마을 사람들과 부딪쳤을 때 문제를 슬기롭게 해결한 사례로서 '문고마다 사정에 따라 실천 방법도 다르다. 감자로 떡을 하고 담배를 준비하여 경로잔치를 베풀었다.'[181]라고 묘산도서관의 사례를 언급하고 있다. 묘산도서관 활동을 이끌었던 장석순은 '1966년 제2회 마을문고 대표자대회에서 마을문고진흥회장상'[182]을 받기도 했다.

묘산도서관은 장서를 늘리기 위해 중학교 진학하는 이에게는 무조건 5권 이상, 마을로 장가드는 남성에게는 2권 이상의 책을 도서관에 기증하도록 관례를 만들었다.

또 한편으로 다른 마을에서 시집온 글자를 모르는 부녀자들에게 글을 깨쳐주기 위해 도서관과 마을 청년들은 문맹 퇴치 운동도 했고, 이렇게 몇 년 동안 하다 보니 마을에서 글을 모르는 이가 없어졌다. 마을 주민들이 글을 깨치고 도서관을 통해 책을 보다 보니 주민들은 배움에 대한 욕구가 커졌고, 도서관 한구석에 초등학교 과정

---

181) 엄대섭, 「농어촌에 심는 독서의 씨앗: 마을문고 설치 일만 개를 돌파하고」, 《신동아》, (1968.7), 256쪽.
182) 「전국 마을문고 대표자대회」, 《동아일보》, 1966.11.10.

반과 중학교 과정 반을 만들어 학습지도를 했다.

이 활동은 자연스레 교육청 허가도 없이 도서관 간판과 함께 '묘산고등공민학교'라는 간판도 걸게 되었다. 이 묘산고등공민학교는 나중에 묘산중학교의 모태가 되었는데, 이 묘산도서관과 묘산고등공민학교는 5·16군사 쿠데타 직후 민정시찰단이 경남지역을 시찰하던 중 중촌마을을 찾게 되면서 널리 알려졌다.

그때 상황에 대해 중촌마을 출신으로 부산에서 신문기자로 있던 유효수는 다음과 같이 묘사하고 있다.

> 그 마을회관에는 두 개의 입간판이 걸려 있었다. '묘산도서관'과 '묘산고등공민학교' 간판이다. 호기심에 가득한 일행은 우선 묘산도서관장을 찾았다. … (중략) … 장 관장은 며칠 전 군에서 무허가 단속이라며 공민학교 입간판을 떼어갔습니다만 사실 진학이 어려운 청소년 교육을 위해 야간에 무료 봉사로 운영하고 있는데 학생들 사기를 위해서라도 그 간판을 다시 달아주시면 좋겠다. … (중략) …
>
> 이들은 경남도지사(당시 양찬우)를 방문하여 그간의 돌아본 농촌의 현실 문제 특히 묘산공민학교 간판 문제를 보고하자 중학교 인가(일주일 내에)까지 행정조치를 해 주었다. 그때 인가된 중학교가 바로 '묘산중학교'인데 지금까지 벽지 농촌의 어려운 학생들에게 크나큰 배움의 보금자리가 되고 있다.[183]

---

183) 유효수, 「문고운동과 묘산중학교」, [1990]. 미간행 자료.

이렇게 인가가 난 묘산중학교는 "처음엔 묘산도서관이 있는 중촌 마을에 설립을 계획했으나 좀 더 학생들의 통학이 편리한 곳을 생각하고 묘산면사무소 주변 땅을 물색하다가 재일동포 독지가의 도움으로 지금 자리에 터를 마련하여 1966년에 설립되었다."[184] 이 묘산중학교 출신으로 울산 중부도서관장을 지낸 도재환은 "60년대 합천 골짜기에서 초등학교를 마치고 농사나 지으며 살아가려던 무렵 중학교가 생겨서 진학했고, 내가 지금 이 자리에 올 수 있었다."라고 말하고 있다.

이 묘산도서관 사례는 도서관(마을문고)이 중심이 되어 학교가 설립된 특이한 사례이면서 마을문고 이전에 전국 각지에 자생적으로 생겨나 산발적으로 운영되던 소규모의 사립문고, 도서관이 마을문고 운동이 본격적으로 진행됨에 따라 마을문고 운동본부란 구심점으로 모이게 된 걸 보여주는 대표적인 사례이다.

하지만 묘산도서관은 1967년 무렵 장석순이 불미스러운 사건에 연루되어 갑자기 중촌마을을 떠났고, 함께 활동하던 청년들도 도시로 떠나면서 쇠퇴했다. 이에 대해 장석순은 "도서관을 통해 많은 정보를 알게 된 것이 역설적으로 이농 현상을 부추겼다. 내가 마을을 떠나자 함께 활동하던 많은 청년도 도시로 떠났다."[185]라고 말했다.

---

184) 장석순(5~60년대 당시 묘산도서관 운영자)과 대면 인터뷰, 2012.3.18. 부산대학교 앞 차밭골
185) 장석순, 2012년 11월 9일, 울주문화예술회관 "엄대섭, 도서관에 바친 혼" 토크쇼에서 한 말.

도서관을 운영하던 장석순과 마을 청년들이 떠나자 묘산도서관은 활동이 줄어들어 70년대 후반까지 명맥만 유지[186]하다가 문을 닫고 말았다.

---

186) 묘산도서관은 당시 도서관협회에 정식으로 등록된 공공도서관이었다. 따라서 협회에서는 정기적으로 협회비를 납부하라는 안내문이 왔고, 서너 번은 장석순의 조카 장준영이 내다가 더 이상 낼 수 없어 폐관 신고를 했다고 한다.

공공도서관,
엄대섭이 꿈꾼 지식나눔터

엄대섭은 어려운 환경에서 성장기를 보내면서 책과 도서관을 통해 많은 깨달음을 얻고, 그것을 바탕으로 자수성가한 경험을 나누고자 했다. 이에 따라 1951년 울산에서 사립 무료도서관을 시작으로 평생을 공공도서관운동에 헌신하였다.

일제강점기부터 최근까지 사립도서관 설립 움직임은 끊임없이 뜻있는 선각자나 독지가들에 의해 이어져 왔다. 엄대섭도 경주도서관 운영과 활동에만 머물렀다면 많은 사립도서관 설립자의 경우와 다르지 않았을 것이다. 그러나 그는 경주도서관에만 머무르지 않고, 공공도서관을 전국에 퍼트릴 방법을 찾으려 했다. 이러한 고민과 실천은 1955년 한국도서관협회를 다시 창립하고 사무국장을 맡아 우리나라 전체 도서관을 하나의 조직으로 묶어내고, 앞을 내다보며 공공도서관을 설립하고 운영할 수 있는 사회적 합의와 기초를 세웠다. 또한, 공공도서관을 경영의 관점으로 바라보고 도서관 경영의 성과물은 책과 도서관을 통해 깨친 민중이라는 것도 알려주었다.

이뿐만 아니라 근·현대 공공도서관이 품은 중요한 민주주의 가치인 '이용자 중심', '공공비용의 원칙', '지적 자유'를 공공도서관이 절대적으로 열악했던 5~60년대 우리나라 현실에 맞는 공공도서관으로 구현하려고 했다. 이것은 '마을문고 운동'과 '국민독서연맹 활동'을 통해 잘 나타나며, 무엇보다 1980년대 '대한도서관연구회' 활동에서 그가 공공도서관을 통해 이루려고 했던 꿈을 잘 알 수 있다.

이에 따라 그는 일제 식민지에서 갓 해방이 되자마자 6·25 전쟁이란 큰 시련을 겪고 오로지 먹고사는 기초적인 욕구 충족에 몰두하던 현실에서 미래를 내다보고 우리 실정에 맞는 도서관 모델인 '마을문고'를 만들고, 주민들 속에서 주민들 의식개혁까지 끌어내는 '주민참여형 도서관', 알 권리와 읽을 권리를 넓히는 '지식의 대중화', 외형보다 내실에 중점을 두면서 주민들과 함께 하는 '이용자 중심의 도서관', 학교 밖 사회교육의 여건이 절대적으로 부족한 현실에서 '평생교육 거점으로서의 도서관'을 만들어 '공공도서관을 모든 이의 지식나눔터'로 만드는 데, 평생을 바쳤다.

보론

엄대섭 연보
토크 콘서트 "엄대섭, 도서관에 바친 혼"

엄대섭 연보

연도(나이)	활동내용
1921년(1살)	2월 28일(음력, 1월 21일) 울주군 웅촌면 대대리에서 5남매 중 장남으로 태어남.
1928년(8살)	식구들과 함께 일본으로 이사 감.
1931년(11살)	아버지가 교통사고로 불구가 됨. 동생들을 돌보는 책임을 진 소년 가장이 됨.
1950년(30살)	부산 동아대학교 법학과에 적을 둠. 부산시청 앞 고서점(노점)에서 『도서관의 실제적 경영』이라는 책을 만남.
1951년(31살)	여름에 자신이 소장한 3천여 권의 책으로 울산에서 사립 무료도서관을 운영(울산 순회문고).
1953년(33살)	울산도서관을 경주군에 기부하여 경주도서관 설립, 촉탁 관장을 맡음. 이때부터 경주 변두리 농촌을 돌면서 책 읽기 운동에 주력.
1955년(35살)	한국도서관협회가 결성되면서 초대 사무국장에 취임.
1960년(40살)	경주 변두리 농촌문고 순회 중 그동안 보내준 책들이 제대로 활용되지 않고 있는 것을 발견하고, 고민 끝에 '마을문고' 개념 고안. 최초의 마을문고를 경주 '탑리(현 탑동)'에서 설립. 연세대학교 도서관학당 수료.

1961년(41살)	2월 1일 경주도서관에서 '농·어촌마을문고보급회' 설립.
	경주도서관장직과 한국도서관협회 사무국장직 사직. 서울 미아리 고개(돈암동)에 있는 그의 집 아래채에 사무실을 내고 '농어촌마을문고보급회'의 사단법인 인가를 받아 '마을문고' 운동의 첫발을 내딛음.
	1년 동안 26개 문고 설치.
1962년(42살)	6월 30일 아침 정부의 지원을 받기 위해 문고함을 문교부 현관에 비치, 이때부터 언론의 조명을 받음.
	'마을문고보급회'라는 이름을 7월 11일 '마을문고 진흥회'로 바꿈.
	각 신문사마다 문고 설치 모금을 위한 사고를 내고 사설로 여론을 환기하게 함. 문교부가 마을문고를 사회교육 정책 사업으로 채택.
	62년에 146개 문고 설치.
1963년(43살)	서울의 일간지, 방송국에서 〈문고 설치비 공동모금 사업〉 동시 전개.
	36,000여 개 전국 행정구역 마을 도농어촌 전부에 설치 목표 세움.
	문교부로부터 연 40만 원의 사업 보조금 받음. 농림부, 농촌진흥청, 농협중앙회, 수협중앙회에서 마을문고를 농어촌 지도사업으로 채택 지원받음.
	1963년 말까지 1,282개 문고를 설치.
1964년(44살)	3월 기관지 '마을문고' 창간, 전국 모든 문고에 무상으로 배포.
	11월을 마을문고 육성의 달로 정하고 행사(마을문고 설립 운동, 마을문고 육성 운동, 계몽 선정 운동).
	12월 마을문고용 도서선정 사업 실시.

1965년(45살)	10월 국민독서연맹 설립. 11월 경북 경주시에서 제1회 마을문고 대표자대회 개최.
1966년(46살)	마을문고상 제정. 사회교육 유공자 표창받음. 제2회 마을문고 대표자대회를 경기도 파주군에서 개최, 이 대회를 계기로 '마을문고기' 제작 보급. 'Library Journal'에 한국의 마을문고 운동이 사진과 함께 4면에 걸쳐 소개.
1967년(47살)	재정문제 해결 방안으로 유력인사 회장 추대(이후락, 김제원, 고태진 등). 마을문고의 노래 제정. 정부의 지방행정 시책 사업으로 문고 설치가 추진되어 각 지방자치단체에서 적극적으로 문고를 설치, 마을문고 1만 개 돌파. 제3회 마을문고 대표자대회를 경북 경산에서 개최.
1968년(48살)	1월 '마을문고 본부'로 단체 이름 변경. 2월 전국 마을문고 수 10,000개 돌파. 6월 순회 지도용 차량 구입.
1969년(49살)	국민독서연맹을 사단법인 체제로 바꾸고 마을문고의 부대 사업에서 자매단체로 독립. 본격적인 직장문고 운동 시작, 서울과 부산 시내버스 안내양 합숙소 120개소에 책과 책장을 기증.
1970년(50살)	11월 제1회 대통령기 쟁탈 국민독서경진대회 개최.
1971년(51살)	유네스코 한국위원회 문화 분과 위원에 선임. 교회문고 11개 설치. 마을문고 2만 개 달성.

1973년(53살)	마을문고 총서 발간. 마을문고가 새마을 사업의 하나로 채택되어 국가적 차원에서 행정 지원을 받음. 마을문고 30,000개 돌파. 유네스코 사절단의 아시아 출판보고서 '아시아의 출판문화'에 마을문고 소개.
1974년(54살)	연말. 전국에 35,011개 문고 설치를 계기로 육성 중심 사업으로 사업 방향을 바꿈. 제3회 외솔상 실천 부문 수상. '유네스코 아시아지역 도서보급세미나'에서 마을문고를 농촌독서운동의 모델로 하여 아시아 각국에서 적극적으로 보급할 것을 결의. 재정난을 계기로 항구적인 재단 운영방법 모색했으나 실패로 단체 해산 위기에 놓임.
1975년(55살)	마을문고가 내무부의 '새마을운동의 정신계발을 위한 단위사업'으로 지정. 새마을총서 17종을 추가로 간행, 농어업 전 분야에 걸쳐 모두 42종의 총서 발간.
1977년(57살)	심각한 재정난에 봉착, 재정난 타개를 위해 국내 100개 대기업, 규모가 큰 문화·장학재단, 국회의원과 각계 지도급 인사 등 400개 처에 호소문을 보냄. 마을문고 소관 부처가 문교부에서 내무부로 이관.
1978년(58살)	제10회 도서관상 수상. 마을문고의 소관 부처가 문교부에서 내무부로 옮겨져 사업비와 운영비 전액을 보조 받음. 전국 9개 도에 177개 마을금고 시군 지부를 조직함으로써 운영체제를 근대화.

1980년(60살)	6월 아내 정숙례 별세. 8월 막사이사이상 공공봉사 부문 수상.
1981년(61살)	사회 인식 고취를 계기로 다시 '재단' 구성 노력, 실패. 정부 방침으로 '새마을운동중앙회'에 회원단체로 흡수, 새마을체제로 운영, 새로운 체제를 맞이하여 핵심 간부와 함께 일선에서 후퇴.
1983년(63살)	1월 18일 대한도서관연구회 창립.
1984년(64살)	2월 3일 안동문화방송에서 처음 자동차도서관 개관. 8월 10일 청주문화방송에서 자체 제작한 모델로 자동차도서관 개관. 전국 공공도서관 순방 시작(공공도서관 실태조사). 12월 대한도서관연구회 회보 창간.
1985년(65살)	연말, 전국 160여 개 국공립도서관 관계기관 방문 마침.
1986년(66살)	새마을문고에서 '새마을 이동도서관' 운영 시작. 10월 간송도서관문화상 제정, 이이종 울진도서관장에게 시상.
1987년(67살)	도서관법 개정(24년 만의 개정). 10월 경기도립 수원도서관에 간송도서관문화상 시상. 건강 문제로 활동 중단.
2004년(84살)	문화예술 발전 유공자 선정, 은관문화훈장 수상.
2009년(89살)	2월 5일 미국 LA에서 별세.

토크 콘서트
"엄대섭, 도서관에 바친 혼"[187]

엄대섭 토크 콘서트

출연자 : 안찬수(사회, 책읽는사회문화재단 사무처장)

　　　　이용남(전 마을문고진흥회 사무국장, 한성대 명예교수)

　　　　장석순(전 합천 묘산도서관장)

　　　　이용재(부산대 교수)

　　　　정선애(전 대한도서관연구회 간사, 관악문화관도서관 사서과장)

---

187) 2012년 11월 9일 울산 울주문화예술회관에서 열린 토크 콘서트 대본입니다. 그러나
　　　실제로는 출연자들이 이 대본을 참고하여 자유롭게 대화를 나누었습니다.

사회 : 지금부터 "엄대섭, 도서관에 바친 혼" 토크 콘서트를 시작하도록 하겠습니다.

본격적으로 시작을 하기 전에 이번 행사에 대해 말씀을 좀 드리겠습니다. 보통 이런 행사는 세미나 형식으로 진행되는 경우가 많지요. 그래서 발표자 한두 분이 나와서 발표하고, 또 몇 분들이 나와서 토론하고, 나머지 분들은 조용히 듣고 계시다가 가시죠. 그런데 이런 진행은 많이 딱딱하게 느껴지는 것이 사실입니다. 또한, 참가자들은 발표문과 토론문을 미리 준비해 와야 한다는 부담도 있습니다. 그러면 내용도 형식에 갇힌 채 발표문에 있는 말씀만 하게 됩니다. 그러면 듣는 분들도 지루하게 느껴지는 것이 사실입니다. 물론 관심 정도에 따라서 달라지겠지요. 그러나 이번에는 새로운 형식으로 진행하도록 하겠습니다. 바로 자유롭게 이야기하는 토크쇼입니다. 여러분, 토크 콘서트 많이 보셨지요? 그런 식으로 진행해 보도록 하겠습니다.

앞으로 약 2시간 정도 진행될 텐데요. 이 기회를 통해 엄대섭 선생을 새롭게 인식했으면 합니다.

제 소개를 드리겠습니다. 저는 책읽는사회문화재단 사무처장을 맡고 있는 안찬수입니다. 책읽는사회문화재단에 대해 아세요? (간단한 소개 — 여기 울산 북구에도 세워진 '기적의도서관' 사업을 주도했으며, 북스타트라고 영유아들 대상으로 책 읽는 습관을 기르는 운동을 하고 있습니다.)

사회 : 이제부터 본격적으로 엄대섭 선생님에 대한 이야기를 나누어 보도록 하겠습니다. 먼저 엄대섭 선생님을 오랫동안 보좌하고 함께해 온 이용남 교수님을 모시도록 하겠습니다. 교수님 나오십시오.

　　　교수님은 이번 행사가 무척 감회가 깊으실 텐데 간단한 소감을 말씀해 주시죠.

이용남 : 엄대섭 선생님을 오랫동안 모셨던 이로서 선생님에 대해서는 마음의 빚이 있었습니다. 그런데 선생님이 나신 곳인 이곳 울주에서 이런 행사를 만들어 주신 데 대해 무척 고맙습니다.

사회 : 교수님은 학교 다닐 때 처음 엄대섭 선생님과 인연을 맺어 평생을 선생님과 함께하셨는데, 어떻게 인연을 맺게 되었습니까?

이용남 : 제가 연세대 도서관학과를 나왔어요. 지금은 문헌정보학과지요. 우리나라에 도서관학과가 이화여대하고 두 군데밖에 없었어요. 이 학생들이 당시 마을문고 운동을 많이 도왔습니다. 우리로서는 그것이 아주 당연한 것이었지요.

사회 : 그때 같이하셨던 분이 누구입니까? 혹시 우리도 알 만한 분 있으시면 말씀해 주시죠.

이용남 : 한상완 연세대 교수가 대표적이죠.

사회 : 대통령 직속 도서관정보정책위원회 위원장 지내신 분 말이시죠?

이용남 : 엄 선생은 틈만 나면 제대로 공부를 한 이들이 마을문고를 맡아 주셨으면 한다고 말씀하셨어요. 그때 우리는 마을문고진흥회에 일이 있으면 가끔씩 도와주곤 했지요. 그때 엄 선생은 은근히 한상완하고 나 둘 중에 한 사람을 생각하고 있었는데,

한상완 교수는 곧바로 대학원에 진학해 버리고, 내가 마을문고의 일을 하게 되었지요.

사회 : 엄 선생님은 흔히 우리가 말하는 자수성가한 분으로 알고 있습니다. 엄 선생님의 젊은 시절 이야기를 좀 해 주시겠습니까?

이용남 : 선생님은 아주 어려운 가정의 장남으로 나셨어요. 특히 아버지께서 교통사고로 불구가 되셔서 초등학교 5학년 1학기 마치고 중퇴할 수밖에 없었어요. 도서관 이용과 책 읽기는 유일한 낙이었다고 합니다.

사회 : 그 당시면 시기상으로 1930년대인데 일본에는 도서관이 많았나요?

이용남 : 일본은 1900년대 초부터 초등학교 무상교육을 실시하고 있었고, 이미 1930년대 전국에 2천 개가 넘는 공공도서관이 있었습니다. 우리나라 각지에 세워진 공공도서관도 일본인들이 세운 독서구락부라는 도서관이 많이 있었지요.

사회 : 우리나라에서 제일 먼저 세워진 공공도서관인 부산시민도서관도 일본인들이 세운 독서구락부가 그 뿌리죠?

이용남 : 네.

사회 : 막연히 도서관을 이용하고 책만 읽어서는 안 될 것 같은데요.

이용남 : 선생님은 책에서 깨달음을 얻었어요. 이것저것 읽다가 책 구절 가운데 "남들과 똑같은 것을 해서는 성공할 수가 없다."는 구절을 읽고 남다른 것을 생각해 냈지요. 그때부터 무얼 할까 고민한 끝에 생각한 것이 헌 옷 수집 사업이었어요. 일본이 본격적인 전쟁 준비를 하던 1930년대 후반이라 물자가 귀했거든

요. 그런데 부잣집에서는 다른 사람들 눈치 때문에 버리지 못하고 집에 쌓아놓은 헌 옷이 아주 많았어요. 그걸 아주 싼값에 사서 서민들에게 팔았지요. 그 사업 2년 만에 일본 고베 시내 헌 옷은 거의 대부분을 수거했다는 이야기가 들릴 정도로 많은 돈을 벌었어요.

사회 : 그때나 지금이나 헌 옷 수집이 꽤나 돈이 되는 사업 같군요. 얼마 전 뉴스를 보니 헌 옷 수집함을 놓고 그 운영권을 서로 맡으려고 장애인단체끼리 싸웠다는 소식을 들었는데. 엄 선생님 그때 나이가 얼마나 되었습니까?

이용남 : 우리 나이로 19살 무렵이었을 거예요. 부모님들은 가난 때문에 일본으로 떠날 때부터 늘 입버릇처럼 "논 열 두락 살 수 있는 돈만 있으면 고향 갈 텐데."라는 말씀을 하셨답니다. 선생님은 그렇게 번 돈으로 고향 가까운 경주에 논을 사고, 경주 시내 집을 사고도 돈이 남아 울산 강동에 멸치어장도 샀다고 합니다.

사회 : 혹시 그때 엄 선생님이 사셨다는 논이 어디쯤인지 아십니까?

이용남 : 경주군 현곡면이라는 기록이 있어서 지도에서 찾아보니 지금 동국대학교 경주캠퍼스 부근으로 추정됩니다.

사회 : 그때면 전쟁이 한창일 때인데 바로 귀국을 하셨습니까?

이용남 : 아니요, 일단 부모님과 동생들은 귀국을 시켜놓고 혼자 다시 일본으로 건너갔습니다. 그리고 다른 사업도 조금씩 하면서 야간 상업학교에 다니시고, 혼인도 하셨지요. 지금 미국에 계

신 아드님도 일본에서 낳으셨습니다. 일본이 패망하면서 귀국을 하셨지요.

사회 : 귀국을 하신 뒤는 무얼 하셨습니까?

이용남 : 일단 먹고사는 데 문제가 없으니 이것저것 사업구상을 하기도 하면서 세월을 보냈다고 합니다. 학교 설립도 생각해 보셨다고 합니다.

사회 : 그러면 어떻게 도서관운동을 하게 되셨습니까?

이용남 : 그때 가족들은 경주에 있고, 선생님과 사모님은 부산에 사셨어요. 사모님께서 부산진 시장에서 단팥죽 장사를 하고 계셨거든요. 그 가게에 딸린 방에 살면서 동아대학교 법학과에 다니고 계셨습니다. 그런데 선생님은 언제나 책을 손에서 놓지 않으셨어요. 틈만 나면 책을 사 모으는 것이 취미셨지요. 그때도 헌책방을 돌면서 관심이 있는 책을 몇 권씩 사고 있었어요.

사회 : 부산의 헌책방 하면 지금도 유명한 보수동 헌책방 골목 말씀이세요?

이용남 : 아마 그럴 거예요. 거기서 일본어로 쓰인 '도서관의 실제적 경영'이라는 책을 만났어요. 이 책을 보면서 충격을 받으신 거죠. 그 책만 몇 달 동안 되풀이해서 읽었다고 해요. 그리고는 도서관운동을 하겠다고 결심을 했지요.

사회 : 사모님은 반대를 안 하셨답니까?

이용남 : 그때는 반대를 안 하셨어요. 선생님이 살아오신 것을 아시니까! 더구나 일본에 있을 때 하신 말씀이 있으시거든요.

사회 : 무슨 말씀이십니까?

이용남 : 일본에서 혼인을 하신 선생님은 처가가 있는 도쿠야마에 갔을 때 당시 성주가 자신의 집을 사립도서관으로 만들어 지역주민들에게 개방해 놓은 것을 보고는 그때 막연하게 자신도 나중에 이런 일을 하고 싶다고 했고, 그때 사모님이 흔쾌히 동의를 하셨거든요.

사회 : 지금까지 말씀을 들어보면 도서관운동을 하더라도 사모님과 함께 살고 계시는 부산이나 아니면 가족이 있는 경주에서 도서관을 시작하셔야 하는 것이 맞는데 어떻게 울산에서 시작하셨습니까?

이용남 : 부산은 그때도 엄청난 대도시였고, 경주에서 할까! 울산에서 할까! 고민하셨어요. 그런데 그때는 울산이 경주보다 더 농촌 색깔이 짙었다고 합니다. 당시 경주는 이미 관광지로 이름이 나 있었거든요. 도서관 본래 목적이 정보에서 소외된 사람들에게 정보를 주는 것이기 때문에 농촌지역이던 울산에서 시작한 것이죠.

사회 : 그래서 울산에서 시작한 것이군요. 울산 어디쯤이죠?

이용남 : 정확한 위치는 알지 못하고요. 당시 울산시외버스터미널 근처라고 합니다.

사회 : 어떤 식으로 운영했습니까?

이용남 : 장서 개발이나 자료 조직, 운영에 대한 개념은 정확히 가지고 시작한 것은 아닌 것 같습니다. 다만 책을 읽고 시작하셨기 때문에 최소한의 원칙은 가지고 계셨던 것 같습니다. 그건 자신이 책을 읽어온 방식이기도 합니다. 어떤 책이든 무작정 읽어왔

고, 많은 책을 읽는 과정에서 자신에게 필요한 정보를 찾아내는 방식이었지요. 그래서 당시 시작했던 책 3천 여권 가운데 절반 가까이가 일본어로 된 책이었다고 합니다.

사회 : 어찌 보면 그럴 수밖에 없었겠네요. 당시는 일본으로부터 나라를 되찾은 지 얼마 되지 않았기에 우리 글로 된 출판물이 많지 않았을 수 있겠네요. 더구나 선생님은 일본에서 오랫동안 사시다가 오셨지 않습니까? 그럼 도서관을 주로 어떤 사람들이 이용했습니까?

이용남 : 아무래도 책 구성도 그렇고, 우리 국민 70%가 글자를 모르는 문맹이었기 때문에 학생들이나 지식인들이었다고 합니다.

사회 : 그러면 선생님이 울산에 도서관을 설립한 목적과 다르지 않습니까? 상대적으로 정보에서 소외된 농촌지역 주민들을 위해 도서관을 만들었는데, 정작 농촌주민들보다는 지식층이 왔다는 것은 의외인데요.

이용남 : 그래서 선생님이 직접 농촌지역을 돌면서 순회문고를 운영한 것이지요. 당시는 전쟁 중이라 버려진 탄통이 많았어요. 이 탄통은 책을 보관하기 안성맞춤이에요. 조금 무겁긴 하지만, 책 30권 정도를 담고 다니면 밀폐되어 비에 젖을 염려가 없지요.

사회 : 그게 오늘 전시되어 있는 울산도서관 순회문고함이군요.

이용남 : 그렇지요. 저걸 자전거에 신고 지역 농촌으로 직접 돌아다녔다고 합니다.

사회 : 그런데 울산도서관은 그렇게 오래가지 못했습니다. 1951년 여름에

시작해서 1953년 경주로 갔으니, 2년 정도밖에 운영을 못 하셨어요. 왜 그랬습니까?

이용남 : 좀 전에 말씀 드린 대로 도서관 이용자들이 주로 학생과 지식인들이고, 당시로는 생각도 못 하는 무료로 운영했잖아요. 그래서 경찰의 감시가 심했습니다. 이용자들이 읽은 책을 파악하고, 책을 압수당하기도 했습니다. 심지어는 경찰에 불려가기도 했습니다. 또 주변 사람들로부터 무슨 정치에 나오려고 그런다는 의심도 받았습니다.

사회 : 저도 책읽는사회국민운동 본부에서 일을 하면서 전국 각지의 작은 도서관 활동가들을 만나고, 이야기도 해봅니다만 요즘도 그런 목적으로 도서관을 운영하는 이들이 드물게 있긴 합니다만 그건 예나 지금이나 똑같군요.

이용남 : 그런 감시가 싫어서 선생님은 당시 울산읍장을 찾아갑니다. 울산읍장에게 자신이 가지고 있는 책과 시설을 기부할 테니 울산읍에서 운영해 달라고 부탁합니다. 그렇지만 거절당하지요.

사회 : 제가 이곳에 오기 전 잠시 울산지역 도서관에 대해 알아본 것이 있습니다. 울산에 제대로 된 도서관이 설립된 것은 1984년 설립된 지금의 울산중부도서관이니까 만약 그걸 울산읍에서 받았다면 울산의 공공도서관 역사가 30년은 앞당겨졌을 텐데 아쉽네요.

이용남 : 그렇지요. 울산이 지금은 우리나라를 대표하는 공업도시이자, 광역시로 성장한 대도시인데도 도서관 인프라 구축은 많이 늦었지요.

사회 : 그래서 그 시설을 가지고 경주로 가셨군요.

이용남 : 경주로 가서 경주읍장하고는 이야기가 잘 되었지요. 그리고
  는 경주도서관을 설립하고 무보수로 경주도서관장을 맡았지
  요. 여기서도 울산에서 하던 농촌지역 순회문고를 계속 운영했
  어요.

사회 : 엄 선생님이 초대 한국도서관협회 사무국장을 하셨지요. 어떻게 맡
  게 되었습니까?

이용남 : 1955년 전국도서관대회가 서울에서 열렸어요. 그때 경주도
  서관장 자격으로 참여하셨지요. 가서 보니 선생님 마음에 썩
  들지 않았나 봐요. 그때는 전쟁이 끝난 지 얼마 되지 않아 전
  국이 어수선했고, 도서관 상황은 더욱 심했지요. 우리나라 도
  서관계를 이끌어 가시던 이재욱, 박봉석 선생 두 분이 전쟁 중
  에 납북되셨으니 도서관계를 제대로 이끌어갈 분들이 안 계셨
  어요. 그때 엄 선생님은 지방에서 올라왔지만, 다른 이들과 달
  리 사업을 하시다가 도서관 운영에 뛰어드신 분이기 때문에 도
  서관을 공공경영 측면에서 이야기를 하셨고, 또한 자신의 오랜
  경험을 통해 여러 가지 해결책도 내놓으셨어요. 그것이 그 자리
  에 모인 도서관인들의 관심을 받았지요. 또한, 한번 생각을 굳
  히면 확실하게 밀어붙이는 성격이셨어요. 그 자리에서 도서관
  협회 설립의 필요성을 절감한 거지요. 그러니 자연스레 도서관
  협회가 설립되면서 사무국장을 맡게 되었지요.

사회 : 재미있는 이야기가 이화여대 도서관장을 지내신 이봉순 선생님의

자서전에 기록되어 있더군요.

이용남 : 국립중앙도서관장던 조근영 씨가 협회장을, 엄 선생님이 사무국장을 맡기로 해 놓고 협회 간부들을 모셔야 했는데, 이봉순 선생님은 당시 우리나라에서 유일하게 미국에서 도서관학을 전공하고 오셔서 당시 이화여대 도서관장을 맡고 계셨지요. 그런 분이 꼭 협회를 이끌어가야 한다고 설득하셔서 이봉순 선생이 협회 전무이사를 맡았지요. 이봉순 선생을 설득하기 위해 얼마나 찾아갔는지, 그 집요함에 굴복당하셨다고 해요.

사회 : 그런 의지와 노력이 오랫동안 도서관운동을 해 오신 동력이군요. 경주도서관장 일도 같이하셨지요? 도서관협회를 하시면서 주력하신 일은 어떤 것이 있습니까?

이용남 : 협회는 국립중앙도서관 복도 한쪽을 막고 책상과 전화기를 갖다 놓은 정도였어요. 심지어는 협회 운영비도 선생님이 대셨어요. 그러면서 제일 먼저 도서관 강습회를 개최해서 도서관인들을 교육시켰습니다. 그리고 도서관법 제정 작업도 하셨고, 문교부와 함께 농촌 책보내기 운동도 하셨습니다.

사회 : 도서관법은 그때 바로 제정되지 못하고 8년 뒤 제정되고, 농촌 책보내기 운동은 나중에 선생님께서 마을문고를 창안하는 직접적인 계기가 된 거지요?

이용남 : 선생님은 경주도서관장직을 겸하고 있었기 때문에 농촌 책보내기 운동을 하면서 꾸준히 경주지역 농촌에 순회문고도 운영하고 계셨어요. 따라서 농촌 책보내기 운동의 진행과정을 꾸

준히 점검하고 계셨던 겁니다.

사회 : 어떻게 생각해 보면 선생님께서 도서관협회를 만들고 초대 사무국장을 맡으신 것은 그런 농촌문고 운동에 주력하기 위해서이지 않나! 하는 생각을 해 봅니다.

이용남 : 저도 미처 거기까지 생각을 하진 못했는데, 곰곰이 생각해 보면 그런 면이 적지 않게 있었을 겁니다. 사무국장을 맡은 5년 동안 도서관협회에서 가장 꾸준히 펼친 사업이 강습회와 농촌 책보내기 사업이거든요. 그리고 마을문고 창안을 하면서 모든 것을 내려놓고 마을문고운동에 매진하신 걸 보면요.

사회 : 교수님 말씀을 듣고 보니 선생님은 자신이 책을 통해 자수성가한 경험을 평생을 나누려고 하신 분 같군요. 당시 농촌은 여러 면에서 어려웠지 않습니까?

이용남 : 네, 그때는 문맹율이 50% 가까이 되었어요. 농촌 책보내기 운동도 글자를 깨친 사람들이 다시 글자를 잊어버리지 않게 하기 위한 사업이었거든요. 그러려면 책을 꾸준히 읽는 거지요. 그런데 단순히 책만 보내준다고 모든 것이 되는 것이 아니었어요. 책만 보내주면 뭘 합니까? 책을 보관할 시설과 관리할 사람도 제대로 없는데!

사회 : 그래서 스스로 관리하고 운영할 수 있는 마을문고를 창안하신 거군요. 이 마을문고는 어디서 처음 시작하셨지요?

이용남 : 경주 탑리라고 지금 오릉이 있는 탑동입니다. 선생님은 앞서 말한 것처럼 경주도서관을 운영하시면서 꾸준히 지역 농촌지역

에 순회문고를 운영하고 계셨어요. 거기에 농촌 책보내기 사업이 더해진 것이지요. 그런데 지역 농촌을 돌아다녀 보면 보내진 책들이 제대로 활용이 안 되는 것이었습니다. 그래서 고민을 했지요. 그리고는 주민들이 스스로 운영할 수 있는 마을문고를 창안하신 겁니다. 탑리에서 주민들이 스스로 운영할 수 있게 마을문고함을 처음 설치하고, 거기에 기본도서 30여 권을 비치해 운영을 주민들이 직접 하도록 했지요. 그것이 성과를 거두자 자신감을 얻어 본격적인 사업을 시작했지요.

사회 : 마을문고는 어떻게 구성되어 있습니까?

이용남 : 앞쪽에 문고함 실물이 전시되어 있지만, 약 300권 정도의 책이 들어가고, 간단한 비품을 넣을 수 있는 서랍 1개, 잡지나 신문을 보관할 수 있는 서랍 1개 이렇게 구성되어 있지요.

사회 : 마치 도서관의 열람실, 사무실, 정기간행물실 이런 기본 시설을 축소한 것이군요.

이용남 : 네 맞습니다. 도서관의 시설을 줄여서 그대로 옮겨 온 것이 마을문고지요.

사회 : 선생님은 마을문고를 보급하기 위해서 모든 것을 내려놓으셨지요?

이용남 : 마을문고를 전국적으로 보급하기 위해서는 서울에서 활동을 할 필요가 있었습니다. 지금도 그렇지만 우리나라 정치, 사회, 경제 모든 중심이 서울에 있지 않습니까? 그래서 경주도서관장직도, 도서관협회 사무국장직도 내려놓고, 경주에 있는 땅도 팔아서 서울 미아리에 집을 구하고 거기 아래채에서 마을문

고 보급회를 시작했습니다.

사회 : 그렇지만 처음엔 쉽지 않았을 것 같습니다. 실제 기록을 봐도 초기
　　　1년 동안 설치한 문고는 얼마 되지 않았지요?

이용남 : 네 알음알음으로 설치를 했지만 기대한 만큼 성과가 나오지
　　　않았어요. 그래서 문교부의 지원을 받아내기 위해 문교부로 날
　　　마다 찾아갔지요. 그런 모습이 출입기자들 눈에 띄어 언론사
　　　들이 사고를 내어 문고설립 운동을 했습니다. 그때부터 관에서
　　　도 관심을 가지게 되고, 마을문고 설립도 본격화되었지요.

사회 : 선생님은 그때부터 언론의 힘을 알게 된 것이군요. 기록을 보면 선
　　　생님은 언론에 투고를 아주 많이 하신 것 같아요. 언론 인터뷰도 많
　　　이 하시고. 심지어는 나중에 대한도서관연구회 시절에는 언론을 아
　　　주 적극적으로 활용하신 것 같아요.

이용남 : 맞습니다. 우리 도서관 관련 인사들 가운데 선생님만큼 언
　　　론을 적극적으로 활용하신 분은 없을 겁니다.

사회 : 마을문고가 다른 나라에는 사례를 찾아볼 수 없는 독특한 운동이
　　　었고, 또한 20년 이상 많은 부침 속에서도 이어 갈 수 있었다면 몇
　　　가지 원인이 있을 텐데 그것이 무엇이라고 생각하십니까?

이용남 : 첫째, 민중도서관운동, 둘째, 지식대중화의 구현, 셋째, 적극
　　　적인 도서관봉사, 넷째, 소도서관운동이라고 이렇게 오래전에
　　　네 가지 이념을 정리했었지요. 이것은 선생님께서 직접 정의하
　　　신 건 아니고, 제가 일을 하다 보니 이런 것을 깨닫게 된 것이
　　　지요.

사회 : 저는 마을문고운동을 대표하는 말 가운데 마을문고 창립 5주년을 기념해서 유공자에게 나누어준 기념 메달 뒷면에 새겼다는 문구 "책으로 민중이 눈뜨는 날 이 한 조각 구리쇠는 어찌 순금에 비기리"란 말이 참 인상에 남습니다. 책을 통해 자신이 처한 환경을 좀 더 나은 쪽으로 바꾸어 나갈 수 있다는 믿음이 참 좋습니다.

이쯤에서 60년대 마을문고 운동을 하신 한 분을 모셔서 당시 지역의 문고 운영에 대한 이야기를 들어보도록 하겠습니다. 사실 이분은 단순한 문고 활동가가 아닙니다. 어떻게 보면 엄대섭 선생님과 같은 시기에 도서관운동을 하셨고, 이용남 교수님과도 상당한 인연이 있는 분이십니다. 5∼60년대 경남 합천에서 묘산도서관을 운영하셨던 장석순 님을 모시겠습니다. 모두 큰 박수로 맞아 주십시오.

(장석순 나오며 사회자와 악수하고, 이용남과 포옹한다. 그리고 무대를 향해 인사하고 자리에 앉는다.)

사회 : 두 분 잘 아는 사이시죠? 몇 년 만에 만나신 겁니까?

이용남 : 50년 가까이 되었죠.

장석순 : 아마 그 정도 되었을 겁니다.

사회 : 언제 처음 만나셨습니까?

이용남 : 제가 대학 다닐 때 방학 때마다 농촌봉사활동을 갔습니다. 대학 3학년 여름방학하고 겨울방학 두 번을 묘산도서관으로 갔습니다. 그때 장석순 님이 관장이셨지요.

사회 : 묘산도서관에 대한 기록을 보니 도서관 개관 시기가 1954년으로 1953년 개관한 경주도서관보다 1년 정도 늦었습니다. 그때부터 도서관을 운영했습니까?

장석순 : 그때는 제 동생이 운영을 했지요. 그런데 갑자기 동생이 죽었어요. 그래서 제가 맡아서 운영했습니다.

사회 : 묘산도서관은 아주 특이한 도서관입니다. 엄 선생님의 경주도서관은 설립은 선생님이 하셨지만, 모든 시설과 장서를 경주시에 기증하고 관에서 운영한 공립도서관이었지만, 묘산도서관은 개인이 운영한 사립도서관이었습니다. 그리고 우리나라 사립도서관 1호로 등록된 도서관이기도 합니다. 또한, 지역도 아주 외진 산골이었어요. 당시 우리나라 도서관은 수적으로 매우 적었지만, 대부분 도시를 중심으로 설립되고, 군지역에서 설립되어도, 유동인구가 많은 읍지역에 설립이 되었는데, 묘산도서관은 그때나 지금도 면 지역이고, 더한 것은 면사무소 소재지도 아닌 농촌마을 한가운데 설립이 되었습니다. 이 묘산도서관에 대해 조금 더 말씀해 주시지요.

장석순 : 네 사회자 님 말씀이 맞습니다. 묘산도서관은 1966년 무렵까지 10년 조금 넘게 운영된 도서관이고, 정확하게는 경남 합천군 묘산면 관기리 중촌마을에 있었던 도서관입니다. 지금도 면 소재지까지 나가려면 한참을 나가야 되지요. 당시는 농촌마을에 문맹자가 많았고, 농한기 땐 마을 곳곳에서 노름판이 벌어지고 많은 문제가 있었습니다. 우리 마을뿐만 아니라, 다른 마을도 마찬가지였고, 마을마다 뜻있는 청년들이 이런 문제를

해결하기 위해 계몽운동을 하는 이들이 많았지요. 저나 제 동생도 그런 흐름 속에서 했습니다. 다만 다른 이들과 달리 도서관을 중심에 놓고 일을 했던 것이 다른 점이죠.

사회 : 어떻게 도서관을 생각하게 되었습니까?

장석순 : 모든 것이 어렵고 힘든 시절이었지요. 이것을 바꾸려면 먼저 글자를 배우게 하고, 글을 통해 지식을 얻도록 해야 했습니다. 그래서 도서관을 생각하고, 마을회관을 개조해서 도서관으로 만든 것이지요.

사회 : 마을회관에 만들어진 도서관이라고 하면 규모가 아주 작았겠는데요. 지금 작은도서관 정도였습니까? 당시 규모는 어느 정도였습니까?

이용남 : 거기에 대해 제가 말씀드리죠. 묘산도서관은 산골에 있었지만 요즘 작은도서관과 비교도 할 수 없을 정도로 활발하게 운영했지요. 마을문고가 30권의 도서로 운영하고, 지금도 작은도서관 기준이 1천 권 이상이지만, 그때 6천 권이 넘었습니다. 장서 면에서는 당시 웬만한 도시의 도서관보다 많았습니다.

사회 : 정말입니까?

장석순 : 네 시골 마을회관이 크면 얼마나 크겠습니까? 크기는 작았지만, 책만큼은 꽤 많았지요.

사회 : 선생님은 직접 서울 연세대 도서관학당에서 연수까지 받으셨다던데 어떻게 받게 되었습니까?

장석순 : 죽은 제 동생 말고 그 아래 동생이 당시 한양대에서 공부를

하고 있었는데 동생이 저에게 도서관학당이 있다는 걸 알려 줬어요. 그래서 이왕 도서관을 운영하는 거 제대로 운영해 보자는 생각을 했지요. 또 그때는 도서관학당 강습회 1년짜리 과정이 없어지고 단기과정이 생겼습니다. 그래서 단기과정으로 한 달 동안 연수를 받았지요. 그러면서 도서관 개괄, 분류법, 정리법도 배웠지요.

사회 : 엄대섭 선생과는 어떻게 인연이 되었습니까?

장석순 : 아무래도 연세대 도서관학당이 인연이었지요. 그때 우리나라 도서관 관계자들을 알게 되었어요. 연세대 이재철 교수님, 서울대학교 백린 선생님 등 많은 분들을 알게 되었습니다. 그걸 계기로 돈암동 선생님 댁에도 찾아가고, 도서관 운영에 많은 도움을 받았지요. 또 동생분한테 도움도 받았습니다.

사회 : 어떻게 도움을 받았습니까? 동생분들은 마을문고 운동을 하신 분들이 아닌 걸로 알고 있는데.

장석순 : 동생분들이 의사이셨어요. 5~60년대는 우리나라 사람들 몸에 많은 기생충이 있었습니다. 마을 주민들 건강을 위해 기생충 검사를 하기 위해 부산대 의대를 찾아간 적이 있었습니다. 그때 의대생들 가운데 엄○섭이란 분이 계셨어요. 그래서 혹시 마을문고 운동하시는 엄대섭 선생을 아시냐고 물었더니 자기 형님이라고 하더군요. 뭐 그때부터 일이 잘 풀려서 마을 주민 전체가 기생충 검사를 한 적이 있습니다. 또 그때는 기생충 약을 먹으면 기생충이 밖으로 나왔어요. 그래서 온 마을이

기생충 사체로 뒤덮인 적이 있었지요.

사회 : 교수님, 묘산도서관 활동이 엄 선생님과 마을문고운동을 하게 된
데 어느 정도 영향을 미쳤지요?

이용남 : 네 당시 학생들이 묘산도서관에 가서 책 정리작업을 했지요.
분류표대로 분류하고, 편목법에 맞추어 카드형으로 멋지게 편
목을 해 놨는데, 얼마 뒤 엄대섭 선생님이 묘산도서관에 다녀
오신 뒤 우리들에게 하시는 말씀이 "자네들 도서관학과 봉사
단의 도서 분류·목록 정성이 대단히 지극했더군. 그런데 주민
들은 자네들이 만들어 놓은 카드 목록이 더러워질까 봐 그런지
이용을 잘 하지 않아 아주 깨끗하더군."이라고 하셨어요. 우리
가 만들어 놓은 목록이 개가제로 운영되던 묘산도서관에서는
큰 쓸모가 없었던 거지요. 그때 깨달았지요. 도서관이 형식보
다 내용이라는 것을.

사회 : 교수님은 묘산도서관 시절에 큰일을 겪으셨다는 말을 들었습니다.

이용남 : 네, 겨울 도서관 봉사 마지막 날 눈이 왔어요. 우리는 마을
청년들과 함께 눈싸움을 하다가 갑자기 제가 기침을 하며 쓰러
졌어요. 그때 입에서 피가 나오더군요. 모두들 혼비백산해서 진
주로 해서 서울로 왔지요. 결핵에 걸린 것이었습니다. 그것 때
문에 1년 동안 학교를 쉬었습니다.

사회 : 장석순 선생님은 그때를 기억하십니까?

장석순 : 네, 기억합니다. 생생하지요.

사회 : 사실 이 자리에 묘산도서관 운영자인 장석순 선생님을 모신 것은

다른 이유가 있습니다. 묘산도서관은 엄대섭 선생님의 직접적인 영향을 받아 운영한 문고는 아닙니다. 좀 전에 말씀드린 대로 문고라고 하기엔 장서량이나 활동 면에서 굉장히 컸지요. 앞서 마을문고 이념 가운데 첫 번째 이념 '민중도서관'이라는 것은 주민들이 스스로 만들어가는 자율조직으로 도서관을 만들어가는 것이었습니다. 이것은 주민들 속에서 주민들과 함께하는 상향식 대중도서관운동인데요. 이것은 요즘 많이 생겨나고 있는 작은도서관들이 새겨야 할 중요한 것이라고 생각합니다. 장석순 선생님, 묘산도서관 운영 방법에 대해 말씀해주시죠.

장석순 : 묘산도서관은 지역사회 계몽운동의 방법으로 시작했지요. 그런데 도서관을 운영하고, 지역사회를 계몽하려면 아무래도 운영비가 필요했습니다. 그래서 이런저런 고민과 활동을 했지요. 공동으로 논밭을 개간하고, 양잠을 해서 비용을 마련하기도 했습니다. 그러던 중 농촌 책보내기 사업으로 책이 우리 도서관에 왔는데, 그 책들 가운데 덴마크의 협동조합에 대한 내용이 실려 있는 책을 보았지요. 그걸 보면서 우리도 협동조합을 해야겠다고 생각하고, 먼저 소비조합을 만들었지요.

사회 : 앞에서 엄대섭 선생님도 그렇고 교수님도 50년대 농촌 책보내기 운동이 실패했다고 했는데, 드물게 성공한 지역이 묘산도서관이군요.

장석순 : 그렇지요. 이 책을 보면서 우리는 고민한 끝에 소비조합인 마을 구판장을 만들었어요. 마을회관이 도서관이자 마을 문맹자들과 학교에 가지 못하는 이들을 위한 공민학교이고, 마을

구판장이었어요.

사회 : 와! 그 모든 것이 한 곳에서 이루어졌습니까?

장석순 : 네. 실제로 도서관 문 앞에는 한쪽 기둥에는 묘산도서관이
란 간판이, 다른 한쪽 기둥에는 묘산고등공민학교 간판이 붙
어 있었어요.

사회 : 지금도 웬만큼 큰 도서관도 그 모든 것을 한꺼번에 해결할 수 있는
도서관이나 평생학습 시설이 잘 없을 텐데 대단하군요. 좀 더 말씀
해주시죠.

장석순 : 도시에서 생필품을 사 가지고 와서 주민들에 약간의 이문을
남기고 팔았지요. 이건 서로에게 이득이었어요. 다른 개인이 운
영하는 가게보다 값이 많이 쌌으니까요. 우리는 그 수익금으로
도서관을 운영했습니다. 또한, 마을 일에도 쓰기도 했고요. 그
러니 자연스레 마을에는 글자를 모르는 이들이 없고, 마을사
람들 모두가 책을 읽게 되니 새로운 농사법이나 생활개선에 관
심을 가지게 되었지요. 그리고 당시 농한기에는 노름하는 이들
이 참 많았어요. 도서관을 운영하는 청년회에서 노름판 없애기
운동도 했지요.

사회 : 다시 선생님의 삶에 대해 이야기를 이어가도록 하겠습니다. 교수님,
마을문고는 지속적으로 재정이 어려웠지요? 재정 타개를 위해 여러
노력을 했다는 말이 있습니다. 그것에 대해 이야기를 좀 해 주시죠.

이용남 : 선생님이 마을문고를 운영하시면서 수익금이 난 것이 아니
었기 때문에 언제나 어려웠어요. 그러나 그때마다 큰돈 작은

돈을 융통해서 위기를 넘기셨지요. 그런데 67년 무렵 큰 위기가 왔지요. 그래서 당시 대통령 비서실장이던 이후락 씨를 회장으로 추대하기 위해 엄청난 노력을 했지요. 선생님의 노력에 이후락 씨가 굴복한 거지요. 그때부터 몇 년간은 재정에 문제가 없었어요. 그리고 또 77년 무렵에 진짜 큰 위기가 왔습니다. 그때 우리나라 대기업에 찾아다니면서 기부나 운영을 부탁했지요. 그런데 전부 거절했습니다. 마침 내무부에서 지원을 해 주어서 위기를 넘겼지만 말입니다.

사회 : 선생님은 이런 위기를 겪으면서도 마을문고 운동에만 그친 것은 아니셨습니다. 끊임없이 독서진흥과 도서관 관련 사업을 해나갔습니다. 대표적인 것이 국민독서연맹이었지요.

이용남 : 네, 정열이 대단하신 분이셨습니다. 60년대 후반 마을문고가 본궤도에 오르자 소외된 쪽이 있었어요. 바로 도시였어요. 농촌지역보다 인구가 훨씬 많지만, 여전히 공공도서관은 절대적으로 부족했습니다. 그래서 어떻게 할까! 고민한 끝에 국민독서연맹을 만드신 거지요.

사회 : 국민독서연맹이 처음엔 마을문고 산하단체였다면서요?

이용남 : 그렇지요. 국민독서연맹이 처음 설립된 것은 65년이었어요. 제가 66년도에 마을문고에 들어갔으니, 제가 들어가기 전이었습니다. 그때는 전국에 마을문고가 막 확산되기 시작하던 때라 정신이 없었습니다. 그런데 또다시 국민독서연맹이란 사업을 하려 했으니 제대로 안 되었지요. 그래서 이름만 있고 제대로 활

동을 못 했어요. 그러다가 69년 고민 끝에 국민독서연맹을 별도의 사단법인으로 만들고 도시형 문고운동을 하셨습니다.

사회 : 주요 사업은 어떤 것이 있습니까?

이용남 : 주요 사업으로는 직장에 문고를 만드는 것이었습니다. 아무래도 도시 직장을 중심으로 만드는 것이었기 때문에 마을문고와 똑같은 구성에 크기는 조금 컸지요.

사회 : 잘 운영되었습니까?

이용남 : 아휴, 말도 마세요. 솔직히 그건 선생님의 욕심이셨어요. 그때 직장문고 설치 대상을 5인 이상 사업장으로 잡았어요. 그 대상에 심지어는 목욕탕도 있었습니다.

사회 : 요즘도 작은도서관 설치 규정에 300인 이상 사업장인데 그때 5인 이상 사업장이라니 엄청나군요.

이용남 : 그리고 그때는 지금과 비교할 수 없을 정도로 노동이 힘든 시기였습니다. 종업원들 학력도 매우 낮았고, 사용자들 의식 수준도 말이 안 통하는 사람이 훨씬 많았지요.

사회 : 그래서 얼마나 설치했습니까?

이용남 : 직장문고를 설치하기 위해 엄청나게 뛰어다녔습니다. 아무리 언론사의 협조를 받는다고 해도 마을문고처럼 잘되지 않았지요. 결국 설득 끝에 서울의 버스 안내양 합숙소에 문고를 설치했지요. 곧이어 부산지역 버스 안내양 합숙소에도 설치했습니다. 이 밖에 몇십 군데 더 설치한 걸로 알고 있습니다.

사회 : 버스 안내양 합숙소에 설치했다니, 무슨 특별한 이유가 있습니까?

이용남 : 버스 안내양 대부분이 못 배우고, 어린 나이에 시골에서 올라와 힘들게 일을 했지요. 여기에 설치를 한 것은 당시 농촌지역 마을문고 운영 주체가 이들 또래였습니다. 농촌에서 마을문고를 한창 운영하는 청년들이 도시에 와서 책을 읽을 기회가 없어진 거지요. 그래서 이들에게 책 읽을 기회를 준다면 이들이 나중에 다시 고향으로 돌아가 마을문고를 운영할 자원이 될 것이라는 생각이셨지요.

사회 : 실제로 그렇게 되었습니까?

이용남 : 아시다시피 70년대부터 급격하게 산업화가 되었지 않습니까? 이들 대부분이 도시에서 눌러앉았지요. 그러니 실패할 수밖에요.

사회 : 또 다른 활동은 무엇이 있습니까?

이용남 : 국민독서연맹 활동과 순회문고 활동, 도서보급운동이 있는데, 국민독서연맹에서 중점적으로 한 것은 국민독서경진대회가 대표적인데 이것은 새마을 중앙회에서 아직까지 하고 있습니다. 그리고 순회문고 활동은 경주도서관이나 강진도서관처럼 마을문고와 공공도서관이 활발하게 교류를 하고 있던 지역에서는 순회문고가 잘 운영되고 있었고요. 나머지 지역엔 잘 안 되었습니다. 그래서 온갖 고민을 한 거지요. 그 과정에서 이동도서관도 나오고 여러 가지 안이 나왔습니다. 그렇지만 실행에 옮긴 것은 없습니다. 도서보급운동은 당시 계획만 세워 놓고 제대로 못 하고 있다가 새마을운동이 시작되면서 새마을운

동의 지원을 받아서 농어촌 실무 서적을 중심으로 직접 발간한 사업입니다.

사회 : 국민독서연맹 활동이 실패한 사업이라고 하지만 이것은 선생님이 단순한 마을문고 운동가가 아니라는 것을 새롭게 인식시켜주는 활동이라 생각합니다. 농어촌과 도시 전체를 아우르는 독서운동, 도서관운동을 생각하셨고, 또한 그때부터 순회문고 활동에 대한 고민을 하시면서 이동도서관까지 생각하셨다니 참 대단합니다.

이렇게 힘든 시기를 지난 끝에 선생님이 1980년 막사이사이상을 받았습니다. 어떻게 받게 되었습니까?

이용남 : 77년 무렵이었어요. 필리핀 어느 연구기관에서 우리나라 농어촌지역 독서 실태조사를 나온다고 해서 안내를 했지요. 아, 그게 나중에 알고 보니 막사이사이상 사전 조사였어요. 꽤 꼼꼼하게 이것저것 물어봤던 기억이 있습니다. 더구나 시상식장에 가서 더 놀랐습니다. 세계도서관대회 참석차 필리핀 마닐라에 가셨던 이봉순 이화여대 교수님이 시상식 할 때까지 계셨어요. 그냥 그런가 보다 했더니, 막사이사이상 재단 사무총장님이 이봉순 교수님하고 미국 유학 시절부터 교분이 있던 분이셨어요. 이봉순 교수님을 통해 막사이사이상 재단은 선생님의 활동에 대해 조언을 받으셨고, 막사이사이상 재단은 개발도상국의 독서운동과 도서관 발전을 위한 모범이 되는 운동이라며 공공봉사 부문 상을 수여하였습니다.

사회 : 사모님이 돌아가신 지 얼마 안 되어 막사이사이상 수상이 확정되었

다면서요?

이용남 : 네, 1980년은 선생님 스스로 가장 희비가 엇갈린 해라고 하셨어요. 6월에 사모님이 오랜 투병 끝에 돌아가셨고, 8월에 수상이 확정되었으니까요.

사회 : 우리나라에 막사이사이상을 받으신 분이 꽤 되지요?

이용남 : 선생님보다 앞서 받으신 분은 장준하 선생, 김활란 박사, 김용기 선생, 이태영 변호사, 아동문학가 윤석중 선생, 장기려 박사가 있고 최근에 받으신 분으로는 법륜 스님이 대표적이죠.

사회 : 막사이사이상을 받은 뒤 사정은 좀 나아지셨습니까?

이용남 : 그렇지 않았어요. 선생님은 상을 받아 전국적으로 인지도나 성과를 확실하게 인정받았잖아요. 그걸 계기로 좀 더 확실하게 재정을 안정시키기 위해 유지재단을 만들기 위해 여러 곳으로 뛰어다녔습니다. 하지만 쉽지 않았습니다. 그러던 중에 새마을 중앙회로 통합이 결정되었습니다. 그러면서 선생님은 일선에서 후퇴를 하셨고, 저는 그대로 사무국장을 맡고 있었습니다. 그런데 마침 한성대학교에서 교수 모집공고가 났습니다. 주변에서 권유도 있고, 후배인 곽태원 부장이 저 때문에 만년 부장을 하고 있으니 후배를 위해서라도 길을 터 줘야 한다는 생각을 했습니다.

사회 : 그래서 두 분 다 마을문고 현장을 떠나셨군요. 교수님은 훨씬 더 안정적인 일자리를 찾았지만, 선생님은 그때 이미 은퇴할 나이인 60대가 되셨는데, 그런데도 또 새로운 일을 하셨지요. 그게 바로 대한도

서관연구회인데, 연구회가 발족한 시기가 1983년 1월이었습니다. 그러면 준비하는 시기까지 감안하면 한시도 쉬지 않으셨다는 것이 짐작됩니다. 또한, 처음부터 대한도서관연구회를 만들 생각을 하지 않으셨을 텐데 어떻게 하게 되었습니까?

이용남 : 처음엔 시간도 있고 하니 산책하듯이 지역 공공도서관을 돌아보셨어요. 그때 우리나라에 공공도서관이 160개 정도였어요. 마을문고 운동 20년 만에 공공도서관은 10배가량 늘었지요. 그런데 도서관 시설과 운영 실태를 보니 형편없었어요. 선생님은 말 그대로 도서관에서 산전수전 다 겪으신 분이니 무척 안타까우셨겠지요.

사회 : 경주도서관장부터 도협 사무국장, 마을문고운동까지 정말 그러네요. 더구나 선생님은 마을문고운동이 성장해서 공공도서관으로 발전하거나 연계망을 형성하기를 기대하셨다는 것을 여러 글 속에서 확인할 수 있는데, 그렇게 되지 못했으니 실망도 많이 하셨겠네요.

이용남 : 그래서 이제는 도서관을 제 목적에 맞게 바꿔 내야겠다는 생각을 하시고 사람들을 모았어요. 그런데 쉽게 모이지 않았어요. 저야 선생님을 오랫동안 모셨으니 선생님 뜻에 따랐던 거고, 지금 국립어린이청소년도서관이 된 당시 국립중앙도서관 역삼분관장이던 조원호 선생하고 이렇게 셋이서 의기투합한 겁니다.

사회 : 조원호 선생님은 얼마 전에 돌아가셨지요?

이용남 : 네 오랜 투병 끝에 지난 7월에 돌아가셨습니다. 건강하게 살

아계셨다면 이 자리에 꼭 나오셔야 할 분이죠.

사회 : 대한도서관연구회에 대한 좀 더 자세한 이야기를 듣기 위해 당시 간사로 활동하셨던 정선애 서울 관악문화관도서관 사서과장님을 모시겠습니다.

정선애 : 저는 대한도서관연구회 간사로 약 3년간 일을 했고, 지금은 서울관악문화관도서관 사서과장으로 있습니다.

사회 : 어떻게 선생님과 인연을 맺게 되었습니까?

정선애 : 4학년 때 졸업논문을 쓰기 위해 선생님을 찾아뵈었습니다. 논문을 마을문고에 대해 써야겠다고 생각하고 전화 드렸는데, 전화 드릴 때마다 계속 지방 가신다고 바빠서 시간이 없다 하셔서 뵙기 어려웠습니다. 제가 눈치가 없어서 시간 없다고 하시면 곧이곧대로 듣고 언제 돌아오시냐고 여쭤보고 열흘 후다 그러시면 열흘 후에 또 전화 드리고, 또 시간이 없다 하시면 언제쯤 시간 되시냐고 여쭤보고 보름이나 지나야 된다고 하시면 보름 후에 또 전화 드리고, 열 번쯤 전화 드려서 정말 어렵게 교보문고에서 만났습니다. 차 한 잔 사주시고 찬찬히 살펴보시더니 그 자리에서 바로 지금부터 내 조수 할래? 하시는데, 대한도서관연구회가 있는지도 뭘 하는지도 모르고 무조건 "네." 하고 그 자리에서 조수로 채용돼서 그길로 청진동에 있는 잡지회관에 따라가서 시키시는 대로 조수 노릇했습니다. 나중에 보니 회보 발간 준비하시는 거였더라고요.

사회 : 정선애 과장님께서 느낀 선생님에 대한 인상에 대해 말씀해 주시죠.

정선애 : 처음 만나 뵌 날 조수하면서 잡지회관이랑 인쇄소 등 몇 군데 볼일 보시고, 역삼동 국립중앙도서관 분관 사무실에 들어오셔서 한 시간가량 말씀하셨는데 처음으로 제가 도서관에 대하여 고민하게 된 계기였어요, 그때 하신 말씀이 지금도 생생하게 남아 있습니다.

사회 : 무슨 말씀을 하셨습니까?

정선애 : 우리나라 공공도서관은 도서관으로 역할을 못하고 국민의 세금으로 독서실을 운영하고 있다. 도서관 현실이 어떠한지도 모르고 대학에서 분류, 목록, 학문 배워 봤자 그것이 중요한 것이 아니다, 도서관이 제 역할을 할 수 있어야 학문이나, 기술적인 실무가 필요한 것이다. 공공도서관 정상화는 정부에서 알아서 해 주면 좋지만 우리 현실이 그렇지 못하니 도서관의 변화를 위해서 사서들 스스로 노력해서 쟁취해야 한다. 많은 사람들이 행정기관만 원망하고 있는데 공무원들은 스쳐가는 자리일 뿐이다. 사서들이 노력해서 권리를 찾아야 한다. 그런 말씀 하시는데 한 번도 들어보지 못한 이야기라 충격이었습니다. 도서관의 기본은 공공도서관과 학교 도서관이다. 누구나 손쉽게 책을 읽을 수 있는 곳에 공공도서관 있어야 하고, 제 역할을 해야 하지만, 우리 현실이 그렇지 못하기 때문에 공공도서관이 목적에 맞는 역할을 할 수 있도록 하기 위해서 필생사업으로 공공도서관 운동을 시작했는데, 개인이 할 수 없는 일이기 때문에 대한도서관연구회란 단체를 만들어서 하는 거다. 누구도

우리 단체에 관심 없지만 그래도 우리는 우리가 할 일이 있다고 하셨습니다.

사회 : 대한도서관연구회 회보는 지금 봐도 참 볼품없습니다. 그냥 버리기 쉽게 만들어졌는데요. 사실은 이 회보에는 중요한 내용을 담고 있습니다. 이 회보 때문에 겪은 이야기를 좀 해 주시죠.

정선애 : 제가 눈물이 굉장히 흔한 편인데요 오늘의도서관 발간하고 배포할 때, 그때 생각하면 지금도 눈물이 나려고 하네요. 회장님하고, 이 교수님, 조원호 분관장님 세 분이서 편집회의 하시고, 원고 쓰시고, 교수님이 레이아웃 정하시면 회장님께서 다음날 인쇄소 넘기시고 주로 전국 공공도서관 순회 가세요. 회보 발송할 때 지방 언론사와 관공서에는 우편으로 발송했지만, 중앙에는 언론사 담당 부장과 논설위원실, 서울시교육청 등 행정관청 계장급에 조금이라도 도움이 될 수 있는 담당자 개개인 책상에 직접 배달했습니다. 직접 배달할 때는 회장님께서 정문까지 차로 태워다 주시는 경우도 있지만, 지방 공공도서관 순회 가시면 혼자 그 무거운 보따리 들고 버스 타고 갔는데 정문 들어가서 잡상인 취급받고 경비한테 쫓겨날 때 정말 창피해서 울면서 버스도 못 타고 택시 타고 사무실로 들어온 적도 여러 번 있었습니다. 동아일보는 경비가 제 얼굴을 외워서 나중에 정문 안에 들어서기만 하면 바로 내쫓더라고요. 이런 일로 제가 싫어하는 내색하면 회장님은 "네가 뿌린 회보 중에서 한 부라도 중요한 사람 눈에 띄어서 작은 불씨가 되면 도서관을 변

화시킬 수도 있다." 그러시면 아무 말도 못 하고 또 해야 했지요.

사회 : 대한도서관연구회 활동을 하시면서 가장 먼저 하신 것이 이동도서관 사업인데 이동도서관을 만든 이야기를 좀 해 주시죠.

이용남 : 그때 이미 일본에는 이동도서관이 활성화되어있었고, 저도 70년대 미국 연수를 통해 이동도서관을 경험했습니다. 선생님은 전국 공공도서관을 직접 찾아다니면서 문제점을 고민하셨어요. 가장 큰 문제가 도서관이 공부방으로 인식되고 있는 문제였어요. 그걸 바꾸려면 도서관이 자료 중심으로 바뀌어야 하는데, 쉽지 않았어요. 대부분 도서관 자료실이 폐가제로 운영되고 있었고, 입관료도 받고 있는 등 많은 문제점이 있었어요. 그 문제를 한꺼번에 해결하기 위한 것이 이동도서관이었지요. 그래서 제가 세계 각국의 이동도서관 관련 자료를 조사하고, 선생님은 일본으로 가서 일본의 이동도서관 실태를 파악하고, 이동도서관 차량 제작공장까지 가서 도면까지 얻었지요. 그리고 그걸 바탕으로 역삼 분관에서 타이탄 트럭을 개조해서 시범 운영했습니다. 그러나 여러 가지 문제가 있었습니다. 법도 문제가 있었고, 우리나라 자동차 회사에서는 이동도서관 차량이 제작되지 않았거든요. 그런데 신문광고를 보던 중 우리는 눈이 번쩍 뜨였습니다. 바로 '북모빌'이란 문구였습니다. 아시아자동차(지금 기아자동차지요) 특장차 광고였는데, 그걸 보고 바로 찾아갔지요. 그랬더니 담당자가 당황해하는 겁니다. 아마 외국의

특장차 광고를 참고해서 문안을 만든 것 같았어요. 이런 우여곡절 끝에 이동도서관이 나온 겁니다.

사회 : 요즘에는 전부 이동도서관이라는 말을 쓰고 있지만, 그때는 자동차도서관이란 말을 쓰셨습니다. 뭔가 이유가 있을 것 같은데 말씀해 주시죠.

이용남 : 당시는 자동차에 책을 싣고 집 가까이 가서 운영하는 이동도서관에 대한 인식이 부족했기 때문에 이동도서관이라고 하면 순회문고 정도로 생각하는 사람들이 많아 자동차라는 이미지를 직접적으로 강조하기 위해 선택한 용어였습니다. 물론 요즘에는 이동도서관이라고 하면 전부 자동차도서관을 말하지요.

사회 : 이 이동도서관을 전국적으로 활성화한 데는 도서관과 별 상관없을 것 같은 회사가 등장합니다. 바로 MBC문화방송인데요. 방송국에서 이동도서관을 운영했다니, 그것도 무료로요. 참 특이한 일인데요. 어떻게 하게 되었습니까?

이용남 : 선생님은 오래전부터 언론의 중요성을 잘 알고 계셨고, 또 잘 이용하신 분입니다. 그래서 이동도서관 모델을 만들고, 언론사 기업체들과 접촉을 열심히 했어요. 그때 MBC 관리 이사로 있었던 김병주란 분이 적극적으로 나섰지요. 관리 이사라고 하면 운영비를 책임지던 중요한 자리였거든요. 이분과 선생님이 함께하셔서 전국 20여 개 지방 방송국을 중심으로 총 64개의 이동도서관을 설치할 계획을 세우고, 가장 먼저 84년 2월에

안동방송국을 시작으로 강릉, 청주, 대구 등에도 세웠습니다. 그런데 이후 김병주 씨가 지방 방송국 사장으로 가고 계획대로 제대로 운영되지는 못했지요.

사회 : 김병주 씨하고 교수님하고는 잘 알고 지내셨습니까?

이용남 : 저는 잘 몰라요. 아마 조원호 선생은 알 수도 있었겠지요. 저는 학교생활을 한 지 얼마 되지 않았고, 학과도 신설학과여서 학교 일에 많이 신경을 썼고, 가끔씩 도와드렸지요. 그 대신 조원호 선생과 엄 선생님은 자주 만나서 일을 하셨지요.

사회 : 이 밖에도 대한도서관연구회에서는 여러 일을 했습니다. 개가제 및 관외대출운동, 입관료 폐지운동, 도서관법 개정운동, 도서관 평가작업에 간송도서관문화상까지 많은 일을 했는데 여기에 대해 말씀해 주시죠.

이용남 : 당시 대부분 공공도서관은 자료이용보다는 공부방 중심이었어요. 도서관 건물을 지을 때도 공부방에 초점이 맞추어져 건물을 지었어요. 그러니 자료 확충이나 자료실 운영은 엉망이었지요. 심지어는 자물쇠로 서고를 잠가 놓는 일이 비일비재했지요. 그래서 정확한 실태를 파악하기 위해 2년에 걸쳐 선생님께서 전국 모든 공공도서관을 방문하셨어요. 그리고 문제점과 함께 해결책을 만들었지요. 심지어는 울릉도 도서관 한 곳을 보기 위해 3박 4일 출장을 다녀오셨지요.

사회 : 그것이 언론과 방송을 탄 것이군요.

이용남 : 네, 중앙일간지들은 대부분 보도를 했고, 방송에서도 KBS

뉴스파노라마, 추적60분에서도 방송을 했지요. 이런 노력 때문에 80년대 중반 이후 설립된 도서관에서는 처음부터 개가제로 운영했습니다. 울산중부도서관, 김해도서관이 대표적이죠.

사회 : 이 밖에 도서관법 개정은 법이 제정된 지 24년 만인 87년 개정이 되어 의미가 큰 활동이었고, 입관료 폐지운동도 꾸준히 펼친 끝에 91년 완전히 폐지시켰지 않습니까?

이용남 : 대한도서관연구회에서 전적으로 했다는 건 아니고, 중심이 되어 여러 도서관인들이 힘을 모아 이루어낸 것이지요.

사회 : 앞의 일은 도서관인들이 함께했지만, 도서관 평가 작업과 간송도서관문화상 시상은 거의 선생님 혼자서 하신 것으로 생각되는데 어떻습니까?

이용남 : 거의 혼자서 하셨어요. 처음 우리나라 도서관 실태를 정확히 파악하기 위해 전국 공공도서관을 돌면서 이 도서관은 이런 문제점, 저런 문제점 등 꼼꼼히 정리하셨어요. 그걸 대한도서관연구회 사무실에 상황판을 만들어 걸어두셨어요. 지도 위에 핀으로 꽂아가면서요. 이렇게 조사한 것을 바탕으로 공공도서관 평가 작업을 하신 거지요.

사회 : 정선애 과장님은 그때 모습을 생생하게 기억하고 있을 텐데 말씀해 주시죠.

정선애 : 회장님께서 전국 도서관 순회하시면서 조사해 온 자료를 기초로 하고, 부족한 것은 국립중앙도서관 공공도서관협의회에서 나오는 통계조사를 참고해서 점수를 줘서 총점을 가지고 등

급을 매겼습니다. 그래서 전국 도서관 지도를 벽면에 꽉 차게 만들었는데 그렇게 큰 지도가 없으니까 전지 9장 정도 붙여서 직접 도서관지도를 그려서 붙여 놓고 평가 표시를 등급에 따라 꽃 색깔과 모양을 다르게 꽂아서 A, B, C, D 등급으로 구분해서 한눈에 등급을 알 수 있게 했습니다. 그때 전국에서 처음이었기 때문에 등급 보러 오시는 분들도 많았습니다. 그때 전국 공공도서관 순회하시면서 발굴하신 분이 울진도서관 이이종 관장님이신데 서울 오시면 선생님 댁에서 함께 머무르시면서 도서관 어떻게 할까 많은 이야기를 하셨지요. 그리고 이이종 관장님을 서울로 불러올릴 계획도 가지셨는데 공무원을 불러올렸다가 생활 보장을 못해 드리면 안 되니까 결국 못하셨어요.

사회 : 지금은 해마다 한국도서관협회에서 도서관 평가 작업을 하고 있지만 그때는 연구회에서 했으니 평가를 인정하지 않는 도서관도 많았겠습니다. 특히 평가 항목에서 눈에 띄는 것은 지금은 당연시되는 관외 대출 여부, 개가제 여부가 중요한 평가항목으로 되어있습니다.

이용남 : 당연히 안 좋아했지요. 반발이 아주 심했어요. 맨날 언론을 통해 공격만 하는 단체를 누가 좋아하겠습니까?

사회 : 그래도 이 평가 작업이 우리나라에서 처음 시도된 공공도서관 평가라는 데 큰 의미를 가집니다. 또한, 이것이 바탕이 되어 요즘처럼 상시적인 평가가 이루어지는 것 아니겠습니까?

이용남 : 그렇지요.

사회 : 간송도서관문화상은 개인이 제정한 최초의 도서관 관련 상이라는

데 큰 의미를 가지는데 어떻게 만들었고 어떤 분들이 받았습니까?

이용남 : 선생님이 전국 도서관을 돌면서 그래도 제대로 도서관을 운영하려는 의지와 노력을 보인 도서관을 발견했어요. 대표적인 분이 울진도서관의 이이종 관장이었지요. 울진 하면 지금도 외진 곳인데 거기서 도서관은 좀 더 외진 초등학교 뒤에 있었어요. 그런데 정말 도서관을 훌륭히 운영했지요. 그리고 수원도서관도 마찬가지였고요. 그래서 선생님이 막사이사이상 받은 상금이 조금 남아 있었어요. 이 상금을 운영기금으로 해서 시상했습니다. 86년에 1회는 이이종 관장이, 2회는 87년에 수원도서관이 단체상을 수상했지요.

사회 : 사실 간송도서관문화상은 2회까지만 수상자가 나오고 더 이상 나오지 않았습니다. 또한, 대한도서관연구회의 마지막 공식 활동이구요. 어떻게 된 것입니까?

이용남 : 재정도 많이 어려웠고, 더구나 선생님 건강이 많이 안 좋아지셨어요. 그래서 아드님이 계신 미국으로 들어갈까 말까 망설이셨어요. 그러다가 88년 무렵 미국으로 가신거지요.

사회 : 그렇게 선생님의 도서관 활동은 막을 내린 것이군요. 30대에 처음 도서관운동에 발을 내딛은 이래 무려 37년이나 도서관운동에 헌신하신 선생님을 생각하면 존경심이 저절로 생깁니다. 저도 도서관운동 언저리에 있지만 그렇게 하지는 못할 것 같습니다.

지금까지 선생님의 활동을 도서관운동가로 이야기했습니다. 엄대섭 선생님의 이런 활동이 단순한 운동가가 아닌 도서관사상가로 이야기 하는 분도 있습니다. 사실 선생님의 활동을 살펴보면 그때그때 상황에 맞추어 대처한 운동이 아닌 확실한 목표를 가지고 그 목표를 실현하기 위한 활동이었다는 것을 알 수 있습니다. 이제 이런 것에 대해 이야기해 주실 분들을 모시겠습니다. 부산대학교 이용재 교수님 나와 주시죠.

이용재 : (무대에 나오며) 반갑습니다.

사회 : 이용재 교수님은 제가 알기로는 전국에서 유일하게 도서관운동론을 강의하시는 분입니다. 어떻습니까?

이용재 : 제가 학부에서는 도서관운동론을, 대학원에서는 도서관 사상을 강의하고 있는데, 여기서 엄대섭 선생님은 빼놓을 수 없지요. 그리고 대신 사과의 말씀을 드리면 이 자리에 제 스승이자 부산대학교 문헌정보학과를 세우신 김정근 교수님께서 참석이 예정되어 함께 오려고 했는데, 김정근 교수님이 올해 부산문화상 수상자가 되셨는데, 마침 오늘이 수상식 날입니다. 그래서 부득이하게 참석하지 못한 점 아쉽게 생각합니다.

사회 : 김정근 교수님은 엄대섭 선생님과 인연도 꽤 있으시죠?

이용재 : 네, 엄대섭 선생의 우리 학계에 외인부대 용병의 체취를 느낀다는 말에 김정근 교수님이 적극 호응하셔서 돌아가시기 전까지 편지를 주고받는 사이셨습니다. 우리나라에 계실 때 부산에 오시면 교수님 댁에서 주무시면서 학생들과 함께 토론도 하셨답니다.

사회 : 외인부대 용병의 체취라! 여기에 대해서 좀 더 자세히 말씀해 주시 죠.

이용재 : 80년대 당시 각 문헌정보학과에서 공공도서관에 대한 과목 이 정규과목으로 채택되어 있긴 했지만, 비중이 아주 작았습니 다. 또한, 졸업생 가운데 공공도서관으로 취업하는 이들도 많 지 않았고요. 당시는 공공도서관 수도 절대적으로 적었고, 사 서직 공무원에 대한 대우도 아주 열악했거든요. 그리고 학교에 서는 구미의 아주 선진적인 공공도서관에 대한 이야기를 하는 데 우리 공공도서관 현실은 그렇지 못하니 학교 수업과 현장의 괴리감이 매우 컸습니다. 그래서 외인부대라는 말이 나온 겁니 다. 그런데 부산대학에서는 김정근 교수님을 중심으로 공공도 서관의 중요성을 학생들에게 인식시키고 가르쳤습니다. 학생들 에게 직접 공공도서관 현장을 방문하고 느낀 점을 토론하게 하 였습니다.

사회 : 말씀을 듣고 보니 외인부대용병론은 문헌정보학뿐만 아니라 외국 에서 도입된 많은 학문에서 새겨들어야 할 것 같습니다. 김정근 교 수님은 선생님 관련 많은 자료도 소장하고 계신 것으로 알고 있는 데 어떤 자료들이 있습니까?

이용재 : 이 자리에 전시된 오늘의도서관 회보, 대한도서관연구회 정 관, 대한도서관연구회 회비납부 영수증, 친필 편지, 연하장, 간 송도서관문화상 자료 등이 김정근 교수님 소장 자료입니다.

사회 : 아무리 학문을 연구하는 학자이긴 하지만 대단합니다.

이용재 : 이 자료들이 그래도 꽤 요긴하게 쓰였습니다. 우리 학교에서
박사학위를 받은 이연옥 선생의 '한국공공도서관운동사'와 석
사학위를 받은 최진욱 선생의 '엄대섭 연구' 두 논문에 기초자
료로 아주 요긴하게 쓰였습니다.

사회 : 교수님은 엄대섭 선생님을 운동가에서 사상가로 끌어올리신 것으
로 알고 있는데 어떻습니까?

이용재 : 네, 저는 오래전부터 엄대섭 선생을 사상가로 생각하고 있었
습니다. 그래서 꾸준히 자료조사를 하고 있었지요. 특히 제가
지도해서 올 2월에 나온 최진욱 선생의 논문 '엄대섭 연구'가 엄
대섭 선생님을 공공도서관 사상가로 다룬 논문이죠. 알다시피
우리 문헌정보학은 순수 인문학이 아니라 현장에서 실천을 겸
비한 학문입니다. 따라서 문헌정보학 사상가들은 현장을 바탕
으로 사상을 정립한 분이죠. 독일의 라이프니츠, 인도의 도서
관학자 랑가나단이 그렇고, 우리나라의 박봉석 선생도 그렇습
니다. 그런데 엄대섭 선생님만큼은 그냥 활동가 정도로만 인식
되어 왔지요. 제가 제자와 함께 연구해 보니 선생님은 분명한
사상가입니다.

사회 : 그럼 이제 선생님의 도서관 사상에 대해 본격적인 이야기를 나누도
록 하겠습니다. 먼저 이용남 교수님께서는 70년대 말에 이미 마을
문고 이념을 네 가지로 정리를 하셨습니다. 마을문고 운동에 한정된
것이긴 하지만 이 정리는 선생님의 활동을 사상가로 평가하기 시작
한 것으로 볼 수 있는데, 여기에 대해 이야기해 주시죠.

이용남 : 첫째 민중도서관운동, 둘째 지식대중화의 구현, 셋째 적극적인 도서관봉사(공공도서관망의 최일선 거점), 넷째 소도서관운동으로 이념을 정리했지요. 민중도서관운동은 앞서 말했지만, 이용자 스스로 도서관을 만들고 가꾸어가는 '민중에 의한 민중의 도서관운동이요 상향식 대중도서관운동'입니다. 지식대중화의 구현은 당시 도시와 농촌 간의 정보격차는 매우 컸습니다. 이런 문제점을 해소하기 위해 알 권리를 스스로의 힘으로 쟁취해야겠다는 민권의식을 구현하기 위한 구체적인 방안이었습니다. 또한, 적극적인 도서관봉사는 마을문고가 건물이나 장서량과 같이 외형에 치중하기보다는 공공도서관의 본질인 주민들이 필요한 자료를 자유롭게 이용할 수 있게 하는 것입니다. 마지막으로 소도서관운동은 당시 공공도서관이 절대적으로 부족하고 열악한 상황에서 마을문고를 거점으로 공공도서관이 만들어지도록 유도하고, 이렇게 공공도서관이 만들어지면 마을문고는 공공도서관의 분관이나 지역 거점인 배본소나 기탁소 역할을 하게 하는 것이었습니다.

사회 : 이 마을문고 이념을 들으니 선생님의 활동이 단순한 활동가 수준을 넘어서는 것이란 느낌이 오네요. 특히 마지막 소도서관운동은 오늘날 작은도서관이 나갈 길을 제시해 주는 것 같아 의미가 더 특별하게 다가오네요.

이용재 교수님, 선생님의 도서관 사상은 무엇인가요? 그리고 왜 교수님은 활동가를 넘어서 사상가로 판단하시는지 말씀해 주시죠.

이용재 : 앞서 말씀드린 대로 우리 학문이 현장을 바탕으로 한 실천적인 학문이다 보니 활동가인지 사상가인지 헷갈리는 경우가 있습니다. 선생님은 처음엔 자신의 경험을 어떻게 하면 많은 사람들과 함께 나눌 것인지 고민한 끝에 도서관운동을 시작하셨습니다. 이 도서관운동은 결코 즉흥적으로 그때그때 상황에 맞춰가며 한 운동이 아니라, 처음부터 장기적인 목표를 가지고 평생에 걸쳐 실천에 옮긴 운동으로, 여기에 도서관 사상가로서의 선생님의 면모가 잘 나타납니다. 만약 도서관 사상이 투철하지 않았다면 수시로 닥친 위기 때 한두 번쯤은 쓰러졌을 것입니다. 하지만 선생님은 그런 적 없이 평생을 공공도서관 발전에 헌신해 온 분입니다. 첫째 한국적 도서관, 둘째 주민참여형 도서관, 셋째 지식의 대중화, 넷째, 이용자 중심의 도서관, 다섯째 평생교육의 거점으로서의 도서관으로 정리할 수 있습니다.

사회 : 좀 더 구체적으로 말씀해 주시죠.

이용재 : 우리나라 공공도서관은 일제 잔재가 많이 남아 있었습니다. 입관료라든지 공부방으로 전락한 것, 폐가제 문제, 사상 통제, 모든 것이 일제 잔재였지요. 이런 것을 해결하고 도서관 본래의 모습으로 돌려놓기 위한 우리 현실에 맞는 도서관을 구상하신 거지요. 그것이 마을문고였습니다. 마을문고는 주민들이 스스로 이용했기 때문에 이용료를 받지 않았고, 구성도 자료 중심이었고, 또한 자신들이 만든 문고였기 때문에 주인의식을 가

지고 자유롭게 이용했지요. 이것은 바로 우리 현실에 맞는 한국적 도서관 모델이라고 할 수 있습니다. 두 번째 마을문고는 도서관 운영자와 이용자가 따로 있는 것이 아니라 한 몸이었습니다. 이용자가 수혜자로 머물러 있는 것이 아니라 적극적으로 참여하는 것이지요. 셋째 지식의 대중화는 19세기에 생겨난 공공도서관의 목적이라고 할 수 있습니다. 바로 지식이 소수에게 독점되었던 때 근대 시민의식의 성장에 따라 지식을 함께 나누자는 의식이 생겨나고 이것이 공공도서관 설립으로 나타났습니다. 우리나라는 많이 늦었지요. 6·25 전쟁 직후 도시와 농촌 간의 정보격차는 인구는 비슷하지만 매우 컸습니다. 마을문고는 이것을 해결해 주었지요. 또한, 개가제운동도 사상이 통제되던 시기에 자료를 자유롭게 이용할 수 있도록 변화시킨 것입니다. 넷째 이용자 중심의 도서관은 6-70년대 공공도서관 수도 절대적으로 적었었고, 자리 잡은 곳도 외진 곳이 많아 이용하는 데 어려움이 많았습니다. 그런데 마을문고운동은 이용자들이 가장 많이 모이고 쉽게 모여서 마을의 대소사를 의논하고 온갖 정보가 오고 가는 마을회관에 세워졌기 때문에 철저하게 이용자들 속에서 함께하는 것이었습니다. 마지막으로 평생교육의 거점으로서의 도서관은 말 그대로 학교가 아닌 모든 사회교육이 이루어지는 곳이 도서관입니다. 도서관에서 하는 전시회, 강좌 등 프로그램이 대변해 주지요. 이런 것은 단순한 활동가의 영역을 넘어선 것으로 판단하고 있습니다.

사회 : 교수님 말씀을 듣고 보니 선생님이 더욱 대단하게 보입니다. 마지막
　　　으로 이용남, 이용재 교수님 두 분 모두 엄대섭 선생님 관련 책을 준
　　　비하고 계신다는 소식을 들었습니다. 좀 더 자세히 말씀해 주시죠.

이용남 : 허허, 시기가 비슷하게 되었네요. 저는 정년 퇴임한 뒤부터
　　　준비를 하고 있었지요. 그래서 얼마 전 엄대섭 선생님 평전 원
　　　고를 마무리하고 인쇄소에 넘겼습니다. 곧 나올 겁니다.

사회 : 선생님 평전이라 많은 기대가 됩니다. 이용재 교수님이 준비하고 계
　　　시는 책도 말씀해 주시죠.

이용재 : 저는 제가 지도한 최진욱 선생의 학위논문 '엄대섭 연구'를
　　　바탕으로 자료를 보강해서 선생님의 활동과 사상 면에서 준비
　　　하고 있습니다.

사회 : 정말 두 분의 책 기대됩니다. 이야기는 아쉽지만 여기까지 하기로
　　　하고 오늘 많은 분들이 함께하셨는데 청중들과 이야기를 나누도록
　　　하겠습니다. 청중 여러분들 가운데 하고 싶으신 질문이나 이야기가
　　　있으면 말씀해 주십시오.

이번 행사에 물심양면으로 함께하신 분들을 소개하면서 토크 콘서
트 '엄대섭, 도서관에 바친 혼'을 마칠까 합니다. 먼저, 최민련 울산
남목작은도서관 사서님, 최민련 사서님은 90년대 초 울산지역에서
새마을 이동도서관 사서로 일하시면서 이번 행사에 최초 아이디어
를 내주신 분입니다. 두 번째, 이번 행사를 주최하고 기획하신 오만
석 울주문화예술회관 기획담당자님, 세 번째, 오영구 새마을중앙회

문고과장님, 오영구 과장님은 학생 때부터 엄대섭 선생님의 활동에 관심을 가지고 새마을문고 운동에 함께하면서 지금까지 자리를 지켜 오신 분입니다. 특히 이번 행사에 중요한 전시자료와 내용이 만들어지는 데 많은 도움을 주신 분입니다. 그리고 최진욱 울산 북구 기적의도서관 주무관, 최진욱님은 이용재 교수님의 지도를 받아 '엄대섭 연구'로 석사학위를 받았으며, 이번 행사에 내용적인 면을 정리하신 분입니다.

(다 함께 일어나서) 고맙습니다.

30대 중반 나이에 어렵게 돌고 돌아 들어간 대학원, 첫 학기 수강 신청을 하려고 과목을 훑어보던 중 이상한 과목이 눈에 띄었습니다. "제3세계 문헌정보학 연구방법론", 이 과목을 보는 순간 '왜 선진국이나 우리나라도 아닌 남미나 아프리카 같은 제3세계 문헌정보학을 연구해야 하지!'라는 의문이 들었습니다.

이런 의문은 곧 첫 수업시간에 풀렸습니다. 갓 스무 살 무렵 대학에 들어가 도서관에 관한 공부를 하면서 끊임없이 들었던 이야기가 미국과 일본 같은 도서관 선진국과 비교였습니다. 그 무렵 1980년대 우리나라 도서관은 열악하기 짝이 없었고, 수업시간에 듣는 도서관의 이상적인 모습과 우리 현실은 너무나 동떨어져 있어서 배우면 배울수록 우리나라 도서관에 대해 실망만 쌓였습니다. 이 과목은 바로 이런 우리나라 문헌정보학 학문의 현실을 꼬집은 것이었습니다. 그러니 여기서 제3세계 문헌정보학이란, 중남미나 아프리카가 아니라 우리나라 문헌정보학의 현실을 객관적인 눈으로 보고 우리 실정에 맞는 문헌정보학 방법을 찾고 연구하는 과목이었습니다.

그러던 어느 날, 학과 도서실에서 『새마을문고운동 40년사』란 책이 눈에 띄었습니다. 500쪽에 가까운 두꺼운 양장본이지만 서너 번 읽으면서 마을문고 운동을 이끈 엄대섭 선생에 대해 조금씩 알아갔습니다. 그러면서 중고등학교 시절 다녔던 공공도서관이 폐가제에서 개가제로 바뀌고, 열람료가 없어지는 변화과정이 떠올랐습니다. 이런 변화는 도서관이 절대적으로 부족했던 1950~60년대 현실에서 우리 실정에 맞는 도서관 모델인 '마을문고'를 만들고, 은퇴할 나이인 60세가 넘어서도 개가제 운동, 입관료 폐지, 도서관법 개정 운동을 하며 우리나라 공공도서관을 바꿔 온 엄대섭 선생의 노력 덕분이라는 걸 알게 되었습니다.

이에 학위논문의 주제를 '엄대섭 사상연구'라고 거창하게 잡았습니다. 문헌정보학에서는 잘 다루지 않는 인물론을 주제로 정한 것은 우리나라 공공도서관의 오늘이 있기까지 헌신하신 엄대섭 선생에 대해 체계적으로 연구하여, 문헌정보학을 공부하는 사람이나 도서관 현장에서 지식정보 서비스를 통해 국민의 지식과 지혜의 세계를 넓혀 가는 데 힘쓰는 이들은 물론 모든 사람들에게 알리는 것도 중요한 과제라고 여겼기 때문입니다.

엄대섭 선생과 평생을 함께하셨던 이용남 한성대 교수님께서 많은 정보와 자료를 주셨고, 김정근 교수님은 엄대섭 선생과 깊은 교류를 하시면서 몇십 년 동안 보관해 왔던 자료를 흔쾌히 보여주셨고, 이용재 교수님은 아는 형과 동생으로 만나 지도교수가 되어 헌신적인 지도를 해 주신 덕분에 「엄대섭 연구 ─ 공공도서관 사상과 실천을 중심으로」라는 제목으로 논문을 마칠 수 있었습니다.

엄대섭을 학문적으로 다룬 첫 논문이라 많은 관심을 받았는데 지도교수님이신 이용재 교수님과 논문심사위원으로 평가하셨던 김정근 교수님께서 책으로 만들기를 권하셨습니다. 그러나 생각처럼 곧바로 책을 출간하지는 못했지만 그것과 상관없이 꾸준히 엄대섭의 흔적과 자료를 찾아다녔습니다. 이를 바탕으로 2012년 가을에는 전국에서 처음으로 〈엄대섭, 도서관에 바친 혼〉이란 이름으로 관련 자료를 한곳에 모아서 전시하고, 관계된 분들을 모셔서 토크 콘서트를 울주문화예술회관에서 열었습니다.

또 한편으로 마을문고의 첫 탄생지인 '경주 탑리', 그리고 합천 '묘산도서관'과 운영자인 장석순 님을 찾아서 한국도서관협회 기관지 《도서관문화》에 발표를 하고, 경북 경산지역 마을문고 활동가 예대원 선생을 찾아서 이야기를 듣기도 했습니다.

이렇게 관심의 끈을 놓지 않았던 덕분인지 지난해 발족한 '한국도서관사연구회'에 운영위원으로 참여하게 되었고, 마침 올해가 엄대섭 선생 탄생 100주년이 되는 해라 관련 프로그램을 준비하게 되었습니다. 준비과정에서 자료 사용 허락을 받기 위해 김정근 교수님께 전화를 드렸더니, 이전에 말씀하셨던 논문을 책으로 내는 것에 대해 다시 한 번 강력히 권하셨습니다, 이 말씀에 용기를 내어, 예전에 뵈었을 때 논문 주제를 듣고는 책 출간을 도와주겠다고 하시던 이주영(어린이도서연구회 전 이사장) 선생님께 무례한 부탁을 드렸습니다. 이주영 선생님의 적극적인 노력과 현북스 김남호 사장님의 도움으로 책이 출간되었습니다.

이 책은 논문의 딱딱한 문장을 읽기 편하게 다듬어 바탕으로 삼고, 논문을 쓴 뒤 새롭게 찾아낸 자료를 더해서 좀 더 풍부한 내용을 담았습니다.

책을 마무리하면서 많은 분이 떠오릅니다. 먼저 1960년대 마을문고 독서회 회원이었던 어머니는 농촌 마을 곳곳에 마을문고가 어떻게 퍼졌는지 들려 주셨습니다. 논문과 책을 쓰는 데 많은 자료를 주시고, 지도해 주신 이용남, 김정근, 이용재 교수님, 1990년대 중반 PC통신 하이텔 동호회로 만나 30년 가까이 든든한 지원군이자 동료인 '열린도서관 동호회' 회원들, 잠시 내려놓았던 엄대섭 선생에 대한 기록을 다시 정리할 계기를 만들어 준 '한국도서관사연구회' 여러분들, 그리고 제가 살아가는 모든 것인 아내와 딸 모두 고맙습니다.

엄대섭 선생 탄생 100주년이 되는 해,
엄대섭 선생의 고향 울산에서
2021년 5월. 최진욱

참고문헌

단행본

김남석. 『일제치하 도서관과 사회교육』. 태일사, 2010.

김영기. 『공공도서관 장서를 통해 본 한국 사회 지식의 흐름』. 한울, 1999.

김영미. 『그들의 새마을운동』. 푸른역사, 2009.

김정근, 이용재. "한국 문헌정보학 연구와 문화기술법", 『학술연구에서 문화기술법이란 무엇인가』. 한울, 1998.

김정근, 이용재. "문헌정보학연구에서 문화 기술적 접근", 『우리 문헌정보학의 길 어떻게 걸어갈 것인가』. 태일사, 2002.

김정근, 장덕현. "사서의 일상적 의식세계를 통해 본 우리나라 공공도서관 발전의 현 단계", 『학술연구에서 문화기술법이란 무엇인가』. 한울, 1998.

남태우, 김상미. 『문헌정보학의 철학과 사상』. 한국도서관협회, 2001.

박경용. 『막사이사이상 수상자들의 외길 한평생』. 장학사, 1981.

박상균. 『도서관학만 아는 사람은 도서관학도 모른다』. 한국디지틀포럼, 2004.

박상균 편. 『세계도서관학사상사』. 민족문화사, 1993.

새마을운동중앙본부. 『새마을문고운영실무』. 새마을운동중앙본부, 1983.

새마을문고중앙회. 『새마을문고운동40년사』. 새마을문고중앙회, 2001.

송승섭. 『한국도서관사』. 한국도서관협회, 2019.

이병목. 『도서관법규 총람』. 구미무역 출판부, 2005.

이봉순. 『도서관 할머니 이야기』. 이화여자대학교출판부, 2001.

이섶. 『채규철 이야기』. 우리교육, 2005.

이수상. 『한국문헌정보학의 현단계』. 한울, 1998.

이연옥. 『한국공공도서관 운동사』. 한국도서관협회, 2002.

이용남. 『이런 사람 있었네』. 한국도서관협회, 2013.

이용남 교수 정년퇴임 기념문집 간행위원회 편. 『끝나지 않는 도서관 戀歌』. 조은
　　　글터, 2008.

이용남, 이용훈, 정선애. 『대한도서관연구회 간송 엄대섭의 오늘의도서관』. 한국
　　　도서관협회, 2019.

이용재 외. 『작은도서관 선진형 모형 및 프로그램 개발 연구』. 국립중앙도서관,
　　　2007.

이용훈. "21세기 한국 공공도서관 운영", 『공공도서관 운영론』. 예영커뮤니케이
　　　션, 2000.

이혜연. "공공도서관 운영의 주민참여 방안", 『공공도서관 운영론』. 예영커뮤니케
　　　이션, 2000.

정동열, 조찬식. 『문헌정보학 조사연구법』. 한국도서관협회, 2007.

정현태. 『공공도서관의 지적 자유』. 한국도서관협회, 2002.

최수옥. 『봉암리 아이들과 신호등 할아버지』. 소나무, 2005.

최지혜, 엄정원. 『책 민들레, 엄대섭 모두의 도서관을 꿈꾸다』. 천개의바람, 2019.

한국도서관협회. 『한국도서관협회 60년사』. 한국도서관협회, 2005.

加藤一夫, 河田いこひ, 東條文規. 『일본의 식민지 도서관』. 최석두 옮김, 한울,
　　　2009.

다케우치 노리요시. 『우라야스 도서관이야기』. 도서관운동연구회 역, 한울,
　　　2002.

스가야 아키코. 『미래를 만드는 도서관』. 이진영, 이기숙 옮김, 지식여행, 2004.

大澤正雄. 『공립도서관의 경영』. 류현숙 역, 한국도서관협회, 2003.

Gill, Philip. 『공공도서관 서비스 개발을 위한 IFLA/UNESCO 가이드라인』. 장
　　　혜란 역. 한국도서관협회, 2002.

랑가나단, S. R. 『도서관학 5법칙』. 최석두 역, 한국도서관협회, 2005.

세라, 제이. 에이치. 『圖書館學의 社會學的 基盤』. 윤영 옮김, 구미무역, 1984.

앤절로, 에드 디. 『공공도서관 문 앞의 야만인들』. 차미경 외 옮김, 일월서각, 2011.

어샤임, 레스터 외. 『발전도상국의 도서관』. 김정근 외 역, 한국도서관협회, 1970.

Usherwood, Bob. 『정보사회와 공공도서관』. 오동근 옮김, 한국도서관협회, 1996.

캠벨, 헨리 시. 『공공도서관 개발론』. 이병목 옮김, 구미무역, 1990.

드러커, 피터. 『비영리 단체의 경영』. 현영하 역, 한국경제신문사, 1995.

학위논문

고기호. 「한국 도서관 발전의 사적 고찰: 근대 도서관 설립 운동을 중심으로」. 석사학위논문(고려대학교 교육대학원), 1976.

김봉호. 「마을문고의 사회교육적 기능에 관한 연구: 청원군을 중심으로」. 석사학위논문(단국대학교 교육대학원), 1983.

김포옥. 「광복 이후 한국공공도서관사 연구: 일제하 공공도서관 제도의 영향을 중심으로」. 박사학위논문(성균관대학교 대학원), 1991.2.

박호근. 「한국 교육정책과 그 유형에 관한 연구(1945-1979)」. 박사학위논문(고려대학교 대학원), 2000.6.

백용주. 「한국사회교육행정의 발전과정에 관한 연구: 문교부 소관을 중심으로」. 석사학위논문(중앙대학교 사회개발대학원), 1977.12.

송은숙. 「이범승의 도서관 사상 연구」. 석사학위논문(한양대학교 교육대학원), 1998.6.

원종린. 「박봉석의 도서관 사상 연구: 그의 업적에 나타난 인간상을 중심으로」. 석사학위논문(중앙대학교 대학원), 1980.12.

이시영. 「공공도서관과 마을문고와의 협력망 모형에 관한 연구」. 석사학위논문(청주대학교 대학원), 1988.1.

이화섭. 「미국 근대 공공도서관사상에 관한 연구: 벤자민 프랭클린을 중심으로」. 석사학위논문(한양대학교 교육대학원), 1998.6.

조계숙. 「농촌지역 지역사회 조직사업의 성공과 지속요인에 관한 사례연구: 봉암
리 농촌 자연부락의 3개 사업을 중심으로」. 석사학위논문(가톨릭대학교
사회복지대학원), 2002.6.

채우공. 「재건국민운동의 사회교육활동에 대한 재조명」. 석사학위논문(중앙대학
교 교육대학원), 2004.12.

학술논문

강예권. 「새마을운동과 군 단위 공공도서관 봉사」. 《도협월보》 14권 11호
(1974.11).

김기문. 「한국적 도서관 사상의 바로 세움으로 도서관 모형을 개발하자」. 《도서관
운동》 3권 2호(1997.6).

김병익. 「언론인이 본 독서운동의 현황」. 《도협월보》 12권 9호(1971. 9).

김세익. 「국민독서운동과 공공도서관의 역할」. 《도협월보》 12권 11호(1971.11).

김종천. 「마을문고지를 통해 본 새마을문고 운동」. 《새마을연구》 8호(1991.12).

김중한. 「마을문고의 운영과 이용자에 관한 연구」. 《국회도서관보》 136호
(1978.12).

김포옥. 「일제하의 공공도서관에 관한 연구」. 《도서관학》 제6집(1980.1).

김포옥. 「철도도서관에 관한 고찰: 특히 일제하의 도서관 봉사활동을 중심으로」.
《한국도서관정보학회》 9호(1982.12).

변우열. 「도서관의 자유와 권리선언에 관한 연구」. 《한국도서관정보학회》 33권 3
호(2002.9).

서명원. 「온마을 교육에 있어서의 마을문고의 역할」. 《도협월보》 12권 11호
(1971.11).

신상철. 「새마을운동과 마을문고 운동」. 《지적》 41호(1978.8).

엄대섭. 「마을문고의 설립과 활용」. 《지방행정》 12권 1호 (1963.1).

엄대섭. 「농어촌의 독서운동 마을문고」.《신사조》신사조사, (1963.6).

엄대섭. 「마을문고가 걸어 온 길」.《출판문화》대한출판문화협회, (1967.11).

엄대섭. 「농어촌에 심는 독서의 씨앗」.《신동아》동아일보사, 47호(1968.7).

엄대섭. 「마을문고의 의의와 성과」.《국회도서관보》6권 4호(1969.5).

엄대섭. 「마을·직장문고와 교사의 역할」.《햇불》2권 2호(1970.2).

엄대섭. 「마을문고와 국민독서운동」.《도협월보》12권 9호(1971.9).

엄대섭. 「마을문고와 순회문고의 봉사활동」.《남산도서관보》3호(1973.7).

엄대섭. 「공공도서관 관외봉사와 마을문고」.《도서관보》(1979.7).

이용남. 「공공도서관과 마을문고의 연계활동 1: 관외 봉사활동의 일환으로」.《도서관》219호(1977.4).

이용남. 「마을문고의 이념과 원리」.《국회도서관보》139호(1979.4).

이용남. 「마을문고운동의 초기 전개 과정에 관한 연구」.《한국문헌정보학회지》34권 4호(2000.12).

이용남. 「마을문고운동 추진 전략과 행태에 대한 분석적 고찰」.《한국문헌정보학회지》36권 1호(2002.3).

이용재. 「엄대섭 선생: 우리나라 방방곡곡에 '민중의 대학'을 심은 "마을문고"운동의 아버지」.《도서관계》(2006.6).

이혜연. 「문화와 교육 발전의 주춧돌 도서관을 바로 세우자」.《도서관운동》2권 2호(1996.6).

전세중. 「도서관 정보화와 대중도서관운동」.《시민과도서관》1권 1호(2000.6).

조원호. 「도서관과 도서관인 윤리」.《동대문도서관보》7호(1978-79).

조원호. 「공공도서관은 부족한가」.《종로도서관보》9호(1980).

조원호. 「국가대표도서관의 개념과 우리나라 국가대표도서관의 발전 방향」.《교육개발》47호(1987.4).

조원호. 「국가도서관체제의 제문제」.《도협회보》28권 6호(1987.6)

조원호. 「1995년도 도서관계의 회고와 전망」.《국회도서관보》33권 1호(1996.1·2).

허선. 「도서관은 왜 문화프로그램을 개설하는가: 서울특별시교육청 소속 공공도
　　　서관을 중심으로」, 《시민과도서관》 3권 2호(2002.7).

시청각 자료

마을문고 3만 개 돌파 기념식(1973.08.01), [녹음자료]

TBC-TV 엄대섭 인터뷰(1973.08.19), [녹음자료]

엄대섭 기금위원회 설립행사(1982.02), [녹음자료]

새마을문고 지도자 교육 – 엄대섭 기조 강연(1983.01.21), [녹음자료]

경향신문 미디어 전략실 편, 「사진 속 시간여행 마을문고」, (2011.01.03) [동영상
　　　자료]

대한뉴스 마을문고 관련 자료화면(1353호), [VTR녹화자료]

새마을운동중앙회 편, 「새마을문고 40년」, (2001) [VTR녹화자료]

KBS 편, 「추적60분 – 공공도서관 그 현주소」, (1985.08.11) [VTR녹화자료]

KBS 편, 「엄대섭 편 – 11시에 만납시다」, (1984)[VTR녹화자료]

인터뷰 자료

강계분(67년 당시 용치 마을문고 회원)과 대면 인터뷰, 2011.7.31. 17:00~21:00, 경남
　　　창원시 내서읍 자택.

강복안(67년 당시 용치 마을문고 회장)과 전화 인터뷰, 2011.7.31.

오영구(새마을 문고 중앙회 문고과장) 전화 인터뷰, 2011.10.24.

이용남(한성대 명예교수)과 대면 인터뷰, 2011.9.2. 11:00~16:00, 경기도 성남시
　　　분당구 자택.

이용남(한성대 명예교수)과 대면 인터뷰, 2012.6.25. 11:00~16:00, 서울 강남구

새마을운동중앙회 사무실.

장석순(5~60년대 당시 묘산도서관 운영자)과 대면 인터뷰, 2012.3.18. 14:00~17:00, 부산대학교 앞 차밭골.

정선애(서울 관악문화관·도서관 사서과장)과 e메일 인터뷰, 2012.11.05.

기타자료

마을문고진흥회.《월간 마을문고》36호(1967.11)~37호(1967.12).

마을문고진흥회.《월간 마을문고》41호(1968.6.).

문화방송.「자동차 도서관 설립·운영사업 개요」.《문화방송》(1984.3).

대한도서관연구회.《오늘의도서관》창간호(1984.12.18)~제9호(1986.5.20).

대한도서관연구회 편.「공공도서관 육성에 관한 건의서」.《대한도서관연구회》(1986.11).

대한도서관연구회 편.「제2회 간송도서관문화상 자료: 본상 경기도립 수원도서관」.《대한도서관연구회》(1987.10.29).

대한출판문화협회 편.「책을 앞세운 농어촌 근대화 운동」.《출판문화》(1965.12).

도서관운동연구회 편.「도서관 정책의 개선을 위한 제언」.《도서관운동》2호(1996.3).

도서관운동연구회 편.「도서관 정책, 이렇게 변해야 한다」.《도서관운동》2호(1996.3).

도서관운동연구회 편.「마을문고운동의 대가 엄대섭 그는 누구인가」.《도서관운동》4권 3호(1998.9).

두산세계대백과 편집부 편. "재건국민운동중앙회",『두산세계대백과사전』. 22권, 1998.

새마을문고중앙회 편.「새마을문고운동 50주년 기념식: 대통령기 제31회 국민독서경진대회 자료집」. 2011.12.

아침독서신문 편. 「작은도서관 50년사」, 《작은도서관신문》 창간호(2011.12).

엄대섭. 「도서관이 살아야 나라도 산다」, 《출판저널》 (1987.10.15).

유효수. 「문고운동과 묘산중학교」, 1990. 미간행 자료.

윤희윤. "부산지역 도서관 및 독서 활성화를 위한 정책적 고민", 「도서관 활성화 및 독서문화 진흥을 위한 토론회 자료집」. (부산광역시의회 대회의실, 2011.10.5).

이용훈. 「지역주민도서실운동론」, 『난곡주민도서실5년사』, 《난곡주민도서실》 (1994.10).

전세중. "대중도서관운동은 왜 필요한가", 「1997 도서관 발전과 건강한 사회를 향한 시민심포지엄」. (경북대학교 동아리 '도서관을 사랑하는 동네' 주최, 대구 정보생활도서관 주관, 1997.10).

조원호. 「긴 잠에서 깨어난 도서관법」, 《출판저널》 1987.11.20.

최진욱. 「도서관인의 명암 – 산골짜기 공공도서관 묘산도서관을 찾아서」, 《도서관문화》, 한국도서관협회, 2013.2

학원사 편집부 편. 「산골에 피어난 문화센터 '묘산도서관'」, 《농원》, 학원사, 1964.5.

한국도서관협회. 「엄대섭 전 대한도서관연구회장 은관문화훈장 수상」, 《도서관문화》 2004.10.

「김정근이 엄대섭에게 보낸 편지」. 1986.2.20.

「엄대섭이 김정근에게 보낸 편지」. 1985.8.15.

「농촌문고 삼천 여소를 설치」, 《경향신문》 1956.4.28.

「도서관문화상 제정 엄대섭 씨: 조선인터뷰」, 《조선일보》 1986.10.26.

「"독서 여건 만들면 저절로 책 읽어" 1회 간송 도서관문화상 받은 이이종 씨」, 《동아일보》 1986.10.23.

「명사의 어린 시절 – 엄대섭」, 《소년한국일보》 1986.1.23.

「"서고 자물쇠 채운 도서관 많다." 공공도서관 연구가 엄대섭씨 전국 돌며 실태조사」.《동아일보》1986.2.11.

「수원도서관 간송문화상」.《동아일보》1987.10.27.

「용달차도서관 산골마을 누벼」.《한국일보》1986.10.25.

「종합문화의 모 – 인정도서관」.《동아일보》1936.6.3.

「전국마을문고 대표자대회」.《동아일보》1966.11.10.

「직장문고 설치 등 권장 국민독서연맹 창립」.《경향신문》1965.10.27.

「직장문고 삼백 개 설치」.《동아일보》1970.3.9.

「첫 민간 도서관 문화상 탄생」.《서울신문》1986.10.23.

인터넷 자료

경산도서관 홈페이지
〈https://lib.gbgs.kr/renew/contents/introbuilding/intro.php〉

막사이사이상 홈페이지
〈http://www.rmaf.org.ph/Awardees/Biography/BiographyOhmDae.htm〉

도서관여행자(이혜숙, 백창민). 「세상과 도서관이 잊은 사람들」
〈https://brunch.co.kr/brunchbook/library-people〉

새마을문고 중앙회 홈페이지
〈http://www.saemaul.com/member/member/mb_book.asp〉

안찬수의 블로그 '느린 질주'
〈http://blog.paran.com/transpoet〉

양주시립도서관 홈페이지
〈http://www.libyj.go.kr〉

유네스코 홈페이지
〈http://www.unesco.org/webworld/libraries/manifestos/libraman.html#2〉

한국도서관협회 홈페이지
〈http://www.kla.kr〉

정갑진의 블로그
〈http://blog.naver.com/ubo/20296515〉